情境销售

UP YOUR SALES IN A DOWN MARKET

[美] 罗恩·沃尔佩◎著
(Ron Volper)

张艳◎译

科学技术文献出版社
SCIENTIFIC AND TECHNICAL DOCUMENTATION PRESS
·北京·

图书在版编目（CIP）数据

情境销售 / (美) 罗恩·沃尔佩 (Ron Volper) 著；张艳译 . — 北京：科学技术文献出版社，2021.5

书名原文：Up Your Sales IN A Down Market : 20 Strategies From Top Performing Salespeople to Win Over Cautious Customers

ISBN 978-7-5189-5992-1

Ⅰ . ①情… Ⅱ . ①罗… ②张… Ⅲ . ①销售学 Ⅳ . ① F713.3

中国版本图书馆 CIP 数据核字 (2020) 第 261881 号

著作权合同登记号　图字：01—2019—5113

情境销售

策划编辑：王黛君　李佳铌　责任编辑：吕海茹　责任校对：张吲哚　责任出版：张志平

出 版 者	科学技术文献出版社
地 址	北京市复兴路 15 号　邮编 100038
编 务 部	(010) 58882938, 58882087 (传真)
发 行 部	(010) 58882868, 58882870 (传真)
邮 购 部	(010) 58882873
官方网址	www.stdp.com.cn
发 行 者	科学技术文献出版社发行　全国各地新华书店经销
印 刷 者	天津中印联印务有限公司
版 次	2021 年 5 月第 1 版　2021 年 5 月第 1 次印刷
开 本	710 × 1000　1/16
字 数	153 千
印 张	13
书 号	ISBN 978-7-5189-5992-1
定 价	45.00 元

序

这本书中给出的建议是基于我 30 多年的工作经验而提出的。这 30 年里，我经历过繁荣发展的市场，也经历过低迷艰难的市场，我做过销售员、销售经理，担任过《财富》500 强企业的销售和市场副总裁，也做过商业发展顾问，为 90 多家《财富》500 强企业和近 300 家其他企业提供过销售培训。我对改变销售策略的建议不仅以普通基础信息为支撑，还有我公司专有的“销售分析”（Sales Analytics）的支持，在该分析中，我们收集、分析和比较以下内容信息：

» 为销售团队和销售人员提供销售报告；

» 销售人员亲述的情况：关于他们在与客户会面的前、中、后期间会做的事；

» 经理提供的情况：关于他们的销售人员的所为；

» 客户反映的情况：关于销售人员的言行；

» 我们观察到的情况：关于销售人员在销售拜访中的言行。

我们将业绩最好的销售人员（即那些超过销售目标的销售人员）和那些没有达到其目标的销售人员进行比较。此外，我们比较了这两组销售人员在市场涨跌中的活动和结果。我们调查的问题包括：

» 销售人员进行过多少次销售拜访，又有多少次销售拜访是与决策者进行的？

» 每一单的收入是多少？

» 新业务和老业务的比例是多少？

» 获得预约和完成销售需要经过几次接触？

» 一个销售人员要处理多少个客户？

» 销售人员问什么类型的问题？

» 销售人员为销售拜访设定了什么目标？销售人员如何兑现承诺？

同样，作为我们与客户持续合作的一部分，我们收集了销售驱动型公司的销售经理和高管在市场起伏时与其他公司的处事不同之处的数据。我们为销售经理和他们的公司调查的问题包括：

» 他们如何招募和挑选销售人员？

» 他们如何衡量和管理销售人员？

» 他们如何培训销售人员？

» 他们授予销售人员什么样的技能？

» 他们给销售人员的报酬是多少？

» 他们如何激励销售人员？

“市场”的定义

我在本书的特定上下文中使用了“市场”一词。我所说的市场，不是指整体经济，也不是指金融市场。相反，我指的是分配给销售人员的一组特定的客户、地理区域或行业，即区域。如果一个销售人员还没有达到他的销售目标，我们可以说他的市场在下降。

即使市场下跌，你也能卖出更多

这本书是基于对我和我的客户行之有效的销售实践而创作的。无论经济形势如何影响你的客户，没有什么比这些策略能为你所用更让我开心的了。如果你的市场在下跌，而你立志提高你的销售，那么，让我们开始吧。

目　录

CONTENTS

第二部分　销售团队：如何帮助销售员抓住谨慎型客户

引　言

当好年景变成坏年景时，客户会改变他们的购买行为，销售人员则需要改变他们的销售方式，这样他们才能在两种环境中都取得成功。本书解释了为什么以及如何在艰难的经济形势下改变客户行为，将与客户会面分成会面前、会面期间和会面后三种情况，并告诉销售人员、销售经理和高级管理人员，根据这三种情况如何调整他们的销售策略。

当企业陷入困境时，许多客户可能会被恐惧所困扰，从而减少购买量。另外，由于市场低迷，销售业绩落后的销售人员因担心无法完成销售目标，而无意中给客户带来压力，更是加剧客户的恐惧。毫无疑问，今天的消费者更加敏感，他们的购买行为也发生了巨大的变化。当个别市场低迷时，将权力平衡转移给客户并使卖方的工作更加困难的一些因素是：

» 当预算紧张时，客户更害怕做出错误的决定；

» 以前由个人做出的购买决策现在由购买委员会或由更高层决策；

» 客户更有可能把重点放在价格上，并从多个供应商那里征求报价，包括几千英里（1 英里约为 1.6 千米）以外的供应商；

» 在经济强劲时，客户可能只会询问他们的投资回报，而在经济疲软时，更多的客户会要求卖家提供理赔保障；

» 如果不先测试产品或服务并评估其效益，客户就不太愿意完整地执行推荐的程序；

» 客户不太可能完全依赖于卖家告诉他们的东西，他们更有动力去研究来自第三方和互联网的信息，而且他们对给定产品的了解可能与该产品的卖家所掌握的一样多。

这本书将帮助销售人员和销售经理在低迷的市场中取得成功。

本书向销售人员和销售经理展示了如何使用不同的策略来寻找客户，发展和深化客户关系，并在艰难的经济形势下提高销售额。它准确地指出了如何应对向客户销售产品的挑战，这些客户正在应对不断变化的经济形势。而且，没有销售组织的支持，即使是最优秀的销售人员也无法取得成功。本书还阐明了销售经理和高级管理人员可以做些什么来构建“以客户为中心”的销售文化，从而确保客户忠诚度并从客户那里获得利润。

第一部分是关于销售人员如何向谨慎的客户销售更多产品的策略，销售人员将学习实用技能和易于实施的策略，使他们能够：

» 说服不情愿的客户做出购买决定；

» 与谨慎的客户建立信任关系；

» 通过提问来发现客户的担忧；

» 为犹豫不决的客户提供低风险的建议；

» 正确应对风险规避型客户的反对意见；

» 从缺乏热情的客户那里获得承诺；

» 做销售演示，说服难以争取的客户；

» 为要求严格的客户提供方案；

» 发动客户帮助你发展新业务；

» 练习吸引谨慎客户的销售习惯。

更多的销售策略和技巧可以在我的网站（www.ronvolpergroup.com）上找到。

第二部分的策略是关于，销售团队如何向谨慎的客户销售更多产品，销售经理将学习实用且易于实施的策略，使他们能够：

» 创建并发展以客户为中心的销售团队；

» 提供培训项目，增加销售团队的收入；

» 指导销售团队完成销售目标；

» 让每一次销售会议都充满动力和成效；

» 为销售团队招募和雇佣优秀的业务员；

» 重组和重新分配地区，以提高销售团队的收入；

» 保证销售代表的“黄金销售时间”；

» 将销售团队的智力资本最大化，以便他们调整销售方法；

» 通过激励机制和灵活的薪酬计划提高销售团队的绩效；

» 认可、奖励并激励整个销售团队。

因此，无论你是销售行业的新人、经验丰富的专业人士、销售经理还是销售副总裁，当你遵循这本书中业绩最好的销售人员的建议和经过检验的销售实践时，你会更容易地实现目标。

第一部分

销售精英：如何抓住谨慎型客户

Up Your Sales in a Down Market

策略 1

利用 M–O–R–E 策略，瞄准谨慎型客户

现有客户向你购买商品的可能性是潜在客户的 25 倍。

——罗恩·沃尔佩集团销售研究报告

1977 年，对我来说是特殊的一年。这是我在一家《财富》500 强公司担任销售主管的第一年，因为我的销售业绩远超同事，所以被评为“年度销售人员”。为表彰这一成就，我获得了未来一年一辆全新梅赛德斯 - 奔驰的使用权。那是一个值得骄傲的时刻。当我们进入第二年最后一个季度时，我一直铭记这句谚语“福无双至，祸不单行”，我不可能再次超过公司里的那些精明老手。然而我做到了！不过，却没得到老板太多赏识，他说：“罗恩，你可以把车再保留一年。”当时我还是个傲慢的年轻人，便问老板能不能换台新车，于是很快我的黑色奔驰就被一辆闪银色奔驰所取代。

当进入第三年第四季度时，我确信自己会一直开着一辆公司买单的奔驰车，但结果让我大吃一惊。因为另一个销售人员比我业绩突出，我心爱的奔驰车被抢走了。当得知自己不再是年度最佳销售人员时，我撞车了，在此之前我开车从未出过任何事故。不久之后，我进行了深刻地自我反省，思考为什么销售业绩在入行前两年（经验很少时）会比第三年（经验更多时）要好。以下是我的一些发现。

使用 M-O-R-E 策略

在第三年，我变得过于自信，忽视了销售成功最重要的要素之一：销售计划。回顾过去，我意识到前两年销售业绩更好，是因为使用了接下来所说的 M-O-R-E 策略。我把客户关系分成四个部分，每个部分用单词 M-O-R-E 中的一个字母表示。

M= 维持现有客户

M-O-R-E 中字母 M 表示维持现有客户（Maintain Current Customers）。它代表着与公司已经建立起生意往来的那些客户，在市场上涨和下跌时，我需要维持与他们的关系。当我想起曾经挥霍一张 1000 美元抽奖券却没有中奖时，我会感到很失望却不至于崩溃。然而，当我想起有人偷了我价值约 1000 美元的收藏硬币时，我会勃然大怒。这两种不同的想法让我意识到，失去已经拥有的东西（包括现有客户关系）往往比失去还没有得到的东西更痛苦。

维持现有客户的另一个原因会在你销售落后时显得尤为重要，因为现有客户向你购买商品的可能性是潜在客户的 25 倍（数据来自罗恩•沃尔佩集团 2010 年销售研究）。因此，对于现有的 20 个客户，我都进行了脆弱性分析（Vulnerability Analysis）。我创建了一个表格，并列出以下问题：

» 我们和那个客户做生意有多久了？

» 他们最近一次使用我们的服务是在什么时候？

» 他们的订单规模是上涨还是下滑？

» 他们使用了多少我们的产品 / 服务？

» 决策者、影响者和用户对我们的看法如何？原因是什么？

» 他们给我们推荐了多少客户？

» 最近一次和他们取得联系是在什么时候？

我还从更广泛的角度考虑了一些早期预警信号，即某个客户对公司的热情可能正在减弱，因此我开发了一个早期预警信号列表。其中一些信号是行业特定，甚至特定于某类客户，但大部分都能通用。以下是一些例子：

» 他们回电话速度没有以前快或根本不回；

» 很难约见或者对销售拜访不太热情，敷衍了事；

» 尽管你已经做出了回应，但他们还是对你的产品或公司提出质疑；

» 订购或使用你的产品的次数 / 数量减少；

» 不履行对你的承诺；

» 他们让新人参与决策过程；

» 当你以为你们是一家人的时候，他们却把你当作陌生人对待。

例如，我帮助一个地方银行负责人应用脆弱性分析来了解他们的客户。我与他们一起工作，分析所有业务客户的储蓄账户中每月活动是否低于正常水平，从而找出潜在问题。

进行客户审查

在我销售生涯的前两年，我采取的第二项措施是对客户进行正式审查，而我在第三年就没有那么努力。在我现有的 20 个客户中，除了一个以外，其余都同意与我会面。在我会见的 19 个客户中，有 15 个客户的决策者和决策影响者参加了审查。这对我来说，是一个用来认识关键客户的很好的方式。在这些客户审查中，我做了以下工作：

» 告诉他们我的背景以及我个人如何为他们提供增值价值；

» 再次感谢他们带来的业务；

» 验证他们如何衡量从我们公司的咨询服务中获得的价值；

» 确定我们在多大程度上满足和超越了他们的期望；

» 关于如何更有效地使用我们的产品方面，提供给他们一些额外想法；

» 明确他们对额外产品的表面需求；

» 给他们我的家庭电话号码（当时还没有手机和电子邮件），并让他们随时给我打电话。

这里需要关注“客户”这个词的定义。在这个世界各地的公司都变化更迭迅速的年代，员工流失率颇高，当如此多员工换工作的时候，你在某家公司的联系人很可能已经离职。如果你作为一名销售人员已经有六个多月没有与客户联系，那他们很可能不再是你的客户。这就是为什么，作为维护策略的一部分，你应该至少每年与每个客户联系两次；对于目标客户，最好是每季度联系一次；对于“A”级客户（为你提供大量业务或有潜力带来大量业务的客户），至少每月一次，有时甚至更多。

使用影响管理策略

影响管理策略是由联系现有客户和潜在客户的频率，以及如何创建顶级的品牌认知度（面对面的拜访、娱乐、电话、电子邮件、信件、卡片等）构成。排在前 10% 的生产商中的销售人员，不仅通过许多不同的渠道更频繁地联系他们的客户，而且会在每季度计划出他们应该拜访哪些客户，以及拜访目的是什么。

O= 获得新业务

M-O-R-E 战略的第二部分一直沿用字母 O 表示：获得新业务（Obtain New Business）。和大多数销售人员一样，我也很难通过电话联系到潜在客户。根据我的分析，在不认识我的人中，我只能联系到大约 5% 的人。

当时我不知道的是，针对不认识的潜在客户，销售人员通常只能联系到其中的 2%，所以我实际上做得很好。

然而，更令人信服的是：我让那些帮忙推荐我的人去联系客户，告诉他们我会去拜访。当他们这样做时，我的拜访完成率跃升到了 60%。在这一点上，我之前的经验也在我们集团 2010 年销售研究中得到了证实。让客户接受你的拜访的可能性，推荐的方式比“冷门”陌生人直接拜访要高出四倍。而且，如果你得到一个介绍，那么比推荐更可能让谨慎客户接受你的拜访。因此，如果你没有得到你想要的新业务，请记住这些数字：2%、20% 和 60%。如果可能的话，找几乎所有你能找到的推荐人，请他们帮忙介绍一下。

许多销售人员，尤其是客户人数较少的销售人员，都在苦苦思索何时是向联系人寻求推荐的最佳时机。答案是现在。除了那些客户对你所做或没做的事情不满意的情况外，没有哪个是比现在更好的时机了。话虽如此，当你知道客户对你的产品或服务结果感到满意时，或者当客户对你或你的公司进行了一些积极评价时，就是提出这个问题的特别合适的时机。在你得到推荐信后，不要羞于要求被介绍。

帮助我将推荐转化为介绍的一种方法是，主动提出来为我们三个人安排一顿早餐或午餐。我的一个发现是，许多客户在拒绝销售人员业务邀请后，都愿意给他们推荐。如果你已经和他们建立了信任关系，他们会更主动地帮助你，可能会为你打开他们的“通讯录”。如果你以一种热情和尊重而不是绝望的方式询问，即使他们没有从你那里购买，你也可以从客户和其他人那里得到一些推荐和介绍。如果你不遗余力地去帮助他们，他们会更愿意给你推荐、介绍或共享信息。

R = 恢复以前关系

我用来增加收入的第三个策略是 M-O-R-E 中的字母 R：恢复以前关系（Recover Former Relationships）。与我大多数的同行不同，我回去联系了以前的客户，从最大的和最近流失的客户开始。毕竟这些都是熟悉我公司的客户，他们甚至知道如何订购和使用我们的产品。这么做的理由是，相对于开发新客户，哪怕赢回一个回头客，也能节省我不少后续的时间。结果我得到了一份六位数合同和一份五位数合同，这都是因为我愿意和他们联系。

我建议所有销售人员，尤其是需要快速取胜的销售人员，在数据库中搜索以前的客户并再次拜访他们。如果他们由于对你公司所做或没做的事情不满意，而不再是你客户的话，那么诀窍是：

» 明确出了什么问题；

» 为此道歉；

» 解释你和你公司已经做了或将要做的事情，保证问题不会再次发生。

让公司高管拜访客户组织的 C 级主管，为这个问题道歉也很有帮助。然而，在大多数情况下，谨慎的客户不再与你的公司做生意，并不是因为他们对你的公司有任何不满，而是因为竞争对手提供了更低价格，或者提供了当时更接近他们需求的产品。在很多情况下，你可以赢回客户，并在比开发新客户关系所需更短的时间内建立起销售。

E = 扩展现有关系

第四个也是最后一个增加收入的渠道，尤其是业务不景气时，更需扩展现有客户关系（Expand Existing Relationships），这是 M-O-R-E 中字母 E 所代表的。在我从事销售的第三年，我失去奔驰的原因之一是，我没有认真地联系我所有的现有客户以获得更多机会。如果你没有达到销售目标，这可能表明你没有利用以下三种方法来扩展关系：

1. 将当前更多产品销售给一个给定的“购买中心”（部门等）；

2. 交叉销售其他产品到现有购买中心；

3. 将你的产品销售给同一公司不同购买中心（即不同的购买中心、部门、附属公司、子公司等）。

记住，通常情况下，获得客户在同一家公司同事的介绍，或者至少是推荐，要比获得可能是客户竞争对手的另一家公司同事的介绍容易得多。

三种刺激销售的方法

使用客户计划

另一种使用 M-O-R-E 策略来启动销售的方法是，为每个关键客户量身制订计划。在你的客户计划中列出你的季度目标和长期目标、决策者和影响者、有助于满足其需求的产品和资源，以及你的竞争对手。尽管随着时间推移，你可能会改变你的客户目标和策略，但重要的是，你的计划要尽可能具体和可衡量，包括销售策略、日期和汇率预测。

进行钱包共享分析

虽然我在公司第四年和随后几年里都没有回到第一位，但在一个庞大而有才华的销售主管带领的团队中，我的表现却排在前 1%。我重新回到正轨并恢复声誉的方法之一是，开发和使用一种我称之为“钱包共享分析”（Wallet Share Analysis）的工具，来分析我的“A”级客户或那些有可能成为“A”级的客户。虽然我的许多同事很高兴他们拜访的某些客户给了他们相当大一部分业务，但我不是。我想知道我公司在他们全部业务中所占的百分比。虽然有一些客户不愿意告诉我，但 90% 的客户愿意分享这些信息。有了这些数据，我不仅能够知道某个给定账户所占业务的百分比，更重要的是，我清楚了我的公司所占业务的百分比以及我们的额外潜力。

因此，在我们可能做了大量业务，但仍把钱留给竞争对手的情况下，我常常能够找出原因。这不仅为我们新产品开发和营销主管提供了宝贵信息，也帮助我从大量客户那里了解他们的需求和发展增量业务。

使用渠道管理报告

最后一个让你的销售回到正轨并以正确速度前进的建议是，完成并使用每月渠道管理报告（Pipeline Report），也称为“前台日志和预测”（Front-log and Forecast）。尽管许多销售主管和他们公司都使用这种工具，但只有前 10% 的销售员能最大限度地发挥其价值。销售渠道管理报告让你纵观全局，并可以作为指导，帮助你将适当的时间和资源分配到最富有成效的机会上。简单地说，它可以防止你将时间浪费在成交概率较低或收入潜力较低的客户上。它还确保你不会忽视那些有很高的成交可能性或具有较大上行收入潜力的客户。

使用 M-O-R-E 策略来专注于你的销售目标

在时间上有如此多的竞争性需求，而收入又恰好落后，此时的你肯定想更加努力，但加速前，要确保走在正确方向上。无论是开奔驰还是福特，这个策略中描述的 M-O-R-E 策略和销售计划工具都可以作为导航仪，帮助你在低迷的市场中提升销售额。

策略 2

建立信任关系，消除谨慎型客户的担忧

优秀的销售人员会意识到客户何时削减了预算；他们需要提供给客户更多信心来克服影响客户购买决策的恐惧感。

——罗恩·沃尔佩集团销售研究报告

几年前，一位年轻的销售人员拜访了一家全球制药公司营销执行副总裁。作为建立信任关系的一部分，这位销售人员向副总裁询问了一些他业务之外的兴趣问题。显然，他的社交方式让这位高管感觉很舒服，副总裁不但分享了一些他的私人信息，而且还主动询问了销售人员的个人问题。当销售人员提到他所居住的小镇名字时，副总裁透露出他正准备结婚，他的未婚妻一直想定居在纽约那个郊区，但当他去看房时，市场上却几乎没有多少房源。

销售拜访没有得到什么结果就结束了，在开车回家途中，销售人员绞尽脑汁，试图找出这个潜在客户的下一步打算。即将到家时，在邻近街区的一处房子前，他发现了一块写着“待售”字样的标牌，于是灯就亮了（不是那所房子里的灯，而是他脑海里的）。次日清晨，这名销售人员给副总裁打电话，告诉他这个消息。副总裁很高兴得到这个“线索”，于是邀请这名销售人员在本周晚些时候和他共进午餐。一周后，副总裁和他的新娘签订了一份购房合同。

虽然有很多因素在起作用，但销售人员最终成功地与副总裁签订了一份价值 50 万美元的销售咨询服务合同，因为他与副总裁建立了信任关系，并表明他会竭尽全力来提供帮助。作为这份合同的推动者，他从未想过自己是一名房地产销售置业员。但通过与那位高管建立信任关系，并竭尽全力来帮助他，这样既结交了新朋友，又拥有了新客户。那个销售人员就是我。事实上，那一年他的公司成了我最大的客户。这段经历告诉我，说正确之事有益于建立信任关系，但更关键的是做正确之事。

建立信任关系的要素

与客户建立信任关系有两个要素。首先，要让客户对销售人员产生好感，并与之相处舒服。第二，要让客户信任销售人员。在许多备受瞩目的商业丑闻被曝光之后，许多客户现在都不再信任那些多承诺而少兑现的销售人员。但是，我们通过分析客户对销售人员的满意度调查，证实优秀的销售人员和客户的正面看法之间存在着直接联系。为了建立信任关系，并消除影响客户购买决策的恐惧感，优秀的销售人员更需要拥有以下品质：

» 乐于助人；

» 提供即时服务；

» 有耐心；

» 令人安心；

» 善解人意。

乐于助人

下面举一个例子，一位全球IT咨询公司的销售人员如何竭尽全力帮助客户，从而扭转了自己的业绩。销售人员了解到他的客户（公司的首席财务官）被公司解雇了。说起来尽管有些讽刺意味：这位销售人员担心由于销量下降而失去自己的工作，他花时间将首席财务官介绍给他在猎头公司工作的朋友，并每隔几周就会打电话过来给予鼓励。当这位前首席财务官看到销售人员提供的帮助时，开始向他吐露心声，并提到她即将参加一家大型化工公司首席财务官的面试。

巧合的是，这名销售人员恰好认识那家公司的一位高管，并为这位候选人美言了一番。最终，他的前客户谋得了这份工作，并欣然接受了这个职位。虽然他没有义务对前客户这样做，但是在该公司聘请了他的前客户担任首席财务官后不久，尽管公司严格管理其费用，该公司还是与销售人员的公司签署了一份七位数的IT服务合同。“苦苦挣扎的销售员”成为公司的英雄。

提供即时服务

几年前，与我们公司正在洽谈的一家大型电信公司在独立客户服务调查中排名靠后。因此，我建议公司为他们的客户联系人和经理制订一个客户服务技能培训计划。当负责消费者市场的执行副总裁打电话询问我们的计划时，我的助理告诉她，我正在阿拉斯加一个偏远地区徒步旅行，她可能几天都联系不上我。幸运的是，几分钟后我碰巧打电话给我的办公室，得知消息后我立即回电给这位潜在客户。她说，尽管我在度假，但我随时提供服务的工作能力给她留下了深刻印象。所以在我从阿拉斯加的德纳里公园打来的电话中，她承诺了这个项目。

20世纪80年代初，在市场低迷情况下，宾夕法尼亚州一家主要区域性银行PNC发展迅速，并获得了市场份额。当时手机还没有被广泛使用，零售银行业务执行副总裁就在名片上印上了他的家庭电话号码，并鼓励客户给他随时致电。虽然这并不是导致银行业务增长的主要因素，但它确实向客户发出了信号，表明他及其团队都将不遗余力地为客户服务，而且他们确实也都做到了。

有耐心

尚未达到目标的销售人员还需要认识到，尽管客户希望他们的要求能立即得到响应，但这些客户可能会被大量的工作所淹没，可能无法快速响应销售人员的建议。因此，他们不应该认为延迟就意味着客户不想与他们交谈。

最近，我与一家大型房地产公司的老板进行了交谈。我曾在三个月前与他进行过一次富有成效的早餐会。在我们的早餐会上，他说他会在接下来一周内与他的兄弟，即共同所有人，安排一次会面。我给他打了10次电话，发了几封电子邮件，都没有联系上他。两个月后，我进行了第11次尝试，终于找到了他。在为没能回电话向我道歉之后，他解释道："罗恩，我为没有时间给你回电话而感到很尴尬，以至于当我终于有时间回电话时，我又因为感到太尴尬而没有回电话。"

优秀的销售人员更具有耐心，作为建立信任的一种方式，他们通常会做到以下几点：

» 建议客户先试用产品；

» 安排客户与满意的用户交谈；

» 同意与联系人的老板再开一次会；

» 提供显示投资回报的附加信息；

» 提供索赔文件；

» 制订成本更低或风险更小的替代方案。

了解客户的时间限制

在创办自己的公司之前，我曾在一家与金融服务公司合作的大型咨询公司担任高级合伙人。当时，我和公司首席执行官（来自于加利福尼亚总部）拜访了北美最大银行的首席执行官。当我们公司的首席执行官问银行首席执行官他有多少时间时，他微微一笑，说有一个小时。在大约55分钟之后，我们公司的首席执行官停顿了一下，对银行首席执行官说："我们还有五分钟的时间就结束了。"银行首席执行官笑着说："别担心，我们继续。"

我从与高层的交流中学到了很多东西。首先，虽然每个人的时间都已经腾出来了，实际上首席执行官可以通过致谢和询问客户时间来增加好感；第二，通过与客户"核对确认"，让他们有机会在规定时间内或之前结束会议，这样可以让关系更融洽。有趣的是，通过表示你尊重他们的时间，许多客户实际上会延长会议时间。

衷心祝贺客户

只要你是真诚的，请不要犹豫，衷心祝贺客户公司或客户个人荣获的一些成就。举例来说，这可能包括公司某个季度或年度的巨大收入或利润，或因社区服务得到的认可。例如，客户公司被评为最受尊敬的公司之一；在红十字会献血行动或联合公益活动中有很高的员工参与度；赞助设立了奖学金，等等。你可以祝贺客户取得的个人成就，比如赢得高尔夫球、桥牌或保龄球比赛，撰写了文章或发表了演讲。

最近，我约见了一家制造公司总裁，并碰巧在当地报纸上看到他被当地红十字会授予“年度父亲”的称号。当我在一次巡回会议上，向他表示祝贺时，他严肃的表情展现出了笑容，在我们讨论业务之前，我们谈了很多关于养育孩子的话题。毫无疑问，他很欣赏我对他做了一些调查。

令人安心

最近，我拜访了一家制造公司，这家公司是我一年多以来一直努力想搞定的公司。我向销售副总裁建议，与他所在部门的总裁会面对我们来说很有价值。同意我的建议后，他转向我，提到总裁时说：“罗恩，我希望卡尔不要怀疑为什么我之前没有按照你的建议去做。”我向副总裁保证，尽管经济不景气，但考虑到他任内的收入和市场增长的份额，总裁对他没什么可挑剔的。总裁可能会对副总裁的自信印象深刻，因为他主动积极地考虑来自内外部的思想领袖的想法，且游刃有余。果然，在我们的会议结束后，总裁称赞副总裁为公司的成功寻求出了新思路，以帮助公司在其成功的基础上再接再厉。

善解人意

无论销售人员还是他的公司是否陷入困境，当客户说“我需要再考虑一下”时，许多销售人员会问：“你能告诉我你到底需要考虑什么吗？”或者，“如果你愿意的话，我可以告诉你一些我们产品的竞争优势以及其具有的独特之处，从而帮你节省一些时间。”

虽然这是一个合理问题，可以透露有效信息，但经验告诉我，更好的回答是说，“我不怪你”“这是一个重要决定”或者“当然，你想做出正确决定”，然后，销售人员再问：“我怎样才能帮助你做出决定？”或者，“你还想知道什么来帮助你做出最好的决定？”

告诉客户你的目的

你能做的最简单的一件事就是告诉客户你前来拜访的目的，让他们放心，并让其感同身受。但请记住，采取适当的方式不要给客户带来压力。例如，除非事先得到同意，否则不要说："我来这里是为了让你签署我们的合同。"相反，你可以说："我来这里是要提出我们的建议，并确定我们的后续行动。"

模仿客户的肢体语言

模仿客户，并不是过犹不及的"东施效颦"。客户喜欢从他们信任的人那里买东西，事实上，大多数人更愿意从与自己相像的人那里买东西。这就是为什么模仿客户是有帮助的，不过有一个前提条件，那就是你没有做得过头。你可以通过调整自己的肢体、用词和声音来模仿客户，但这样做时一定要有良好的判断力。例如，如果你的客户微笑着身体前倾，你也可以这样做。然而，如果你的客户后仰并皱着眉头，你当然不应该效仿了。

仿效模仿的最强大之处在于它进行得很巧妙，并侧重于用词的选择，而不是音量的控制。研究神经语言学的人指出，许多人都有一种主要语言风格，使用的词主要是源自听觉、视觉或触觉。例如，在听觉上占主导地位的客户可能会说："我听到你说的话了""听我说"或"听起来不错"；在视觉上占主导地位的客户可能会说："明白我的意思吗""这是我对公司的愿景"或者"从我的角度来看"；第三类人，触觉驱动，他们可能会说："我能感觉到它""让我抱着它"或"我们真的被挤压了"。

当客户不知道你在做仿效模仿时，这种方法是最有效的。模仿客户的用词选择是最有效的方法之一，它可以让谨慎客户感到舒适并赢得他们的信任。

使用幽默

我曾经通过使用幽默和一位客户建立了友好信任关系，这个客户办公室里挂着一幅双体帆船照片。我告诉他，在我 30 岁生日那天，一时冲动就买了一艘二手太阳鱼帆船，但当我把它停在海湾时，我总是很难把它拖回岸边，而我一生中最快乐的时刻就是得知我的太阳鱼帆船被偷了！我谦逊的评论让这位客户透露，他永远也学不会高尔夫，而且有一次打一个三杆洞挥了 36 杆！当然，你的幽默应该是没有攻击性的，且具有品味。

持续满足客户需求

考虑到企业高管要处理的事务量，就算是为他们做好事，仅仅建立一次信任关系也是不够的，因为客户可能会简单地忘记这一点。保持信任关系不是一次性活动，而是一个持续过程，所有销售人员，尤其是那些尚未实现收入目标的销售人员，都需要不断地寻找方法来帮助客户满足其个人和业务的需求。

建立信任关系的五种方法

最优秀的销售人员通过以下方式建立信任关系：

1. 通过提及学校、社区、爱好、喜爱的运动队、相互认识的熟人或其他共同兴趣等联系作为连接点，与客户建立信任的桥梁；

2. 更加开放地展示客户可能分享的个人兴趣或经历；

3. 将了解到的客户信息输入到数据库，这样就可以在后续讨论中立即与客户重新展开联系；

4. 向客户发送有效信息，帮助他们开展业务和个人生活；

5. 通过邀请客户出去用餐、参加体育活动或去剧院看戏，向客户展示自己喜欢和他们在一起。

让建立信任关系成为你工作发展战略的一部分

无论你是在飞速发展还是在苦苦挣扎，一定要建立起信任关系，这样你的客户就可以更舒适地回答问题并披露对销售至关重要的信息。当你热情地向谨慎客户打招呼时，保持友善且幽默风趣，他们会放松自如。

策略 3

主动提出问题，发现顽抗型客户的需求

优秀的销售人员提问的数量是他们那些不太成功的同事的四倍。

——罗恩·沃尔佩集团销售研究报告

不久前，我咳嗽得厉害且发烧。在经历了几天痛苦之后，我屈从于妻子的爱和坚持，不情愿地拖着身体去看医生。我们的讨论是这样进行的：

医生：嗨，罗恩。是什么风把你吹到我这里来的？

罗恩：医生，我觉得很难受。

医生：很遗憾听到这个消息。你哪里难受啊？

罗恩：我这几天咳嗽得很厉害。

医生：你说的是哪种咳嗽？

罗恩：咳的时候嗓子疼。

医生：是干咳，还是咳痰？

罗恩：干咳。

医生：好吧。你能告诉我你多久咳一次？哪个时间点咳嗽？

罗恩：整天整夜。我睡不着觉。

医生：还有其他症状吗？

罗恩：有的。我还发烧。

医生：哦！烧了多长时间了？

罗恩：大约三天。

医生：我明白了。最高烧到多少度？

罗恩：昨晚达到 38.3 度。

医生：那是你最后一次量体温吗？

罗恩：是的。

医生：你家里还有其他人病了吗？

罗恩：没有。

医生：你最近遇到过生病的人吗？

罗恩：没有。

医生：我在你的病历上没有看到任何过敏症状。你有吗？

罗恩：据我所知，没有。

医生：你有用过治咳嗽或喉咙的药吗？

罗恩：没有。

医生：好吧，让我来给你检查一下，看看是怎么回事。

你必须主动提出问题

我的医生并没有提前就假设他有治疗我所需要的信息。直到问完所有这些问题和做了检查之后，他才给我开了处方。我很高兴，那次咳嗽很快就好了。那次去看医生的经历让我思考：为什么那么多的销售人员会想当然地认为自己了解潜在或现有客户的真实情况，然后在没有事先提出足够且正确的问题，甚至在没有提出任何问题的情况下做出诊断？

根据最近的一项研究，儿童每天要问多达 75 个问题。这就是他们了解这个世界、了解他们所处位置的方式。优秀的销售人员与这些孩子很像，他们有与生俱来的好奇心，渴望尽可能多地了解人们的需求。提出好的问题不仅能帮助他们找到潜在的解决方案，还使他们能够快速确定客户的资质，并确定他们应该在其中投入多少时间。

问题：秘密武器

在我做销售的前两年里，我对公司及产品的了解比后来少得多，但我的销售额比第三年的销售额还要高。我最终发现其中一个原因是，在最初的两年里，我向我的客户提出了更多的问题，我也从这些问题里学到了更多的东西。我的问题就是我的秘密武器，尽管当时我没有意识到这一点。许多年后，在我将罗恩•沃尔佩集团建设成为一家全国性的销售咨询公司之后，我和我的员工进行了一系列销售研究，这些研究证实了我自己关于提问的经验。研究表明，销售明星提出的问题比他们的同行多得多，是他们的四倍。

不足为奇的是，那些问得更好、完成更多业务的销售人员往往更了解他们的客户。我们让来自 10 个不同行业的销售人员绘制一张客户组织结构图，这些销售人员都超额完成了他们的销售收入目标。这个群体中大约 90% 的销售人员都能做到这一点。另一方面，当我们要求那些落后于收入目标的销售人员做同样的事情时，只有 40% 的人能做到。

少说多听

当销售人员落后于销售目标时，往往，他们的行动会与最有效的方式相悖。因为急于提高销量，他们开始尽可能多地向客户宣传他们的公司及其产品信息，而不是询问客户的需求和需要，并倾听他们的回答。后一种方法被称为基于需求的销售，提问是其核心。因为他们会问更多问题，优秀的销售人员比苦苦挣扎的销售人员说话要少，而且在拜访中，他们的发言也会相对晚些。

事前研究

作为财富 500 强公司的销售主管，我所见过的最糟糕和时间最短的拜访之一就是，我的一位销售人员问一位客户："你们在这里做什么？"这类问题的答案你需要在进门之前就知道。在我销售生涯早期，当时互联网还未出现，在打电话给客户之前，我经常会为我是否应该花时间去康涅狄格州格林尼治的公共图书馆研究一下该公司而苦恼。今天，凭借我们可以使用的技术工具，在参与讨论之前，每个销售人员至少可以查看潜在客户的网站并进行其他在线研究。事前调研可以让你向谨慎的客户提出更好的问题，从而增加你的可信度。领英和脸书等社交媒体网站可以帮助你找到可能了解客户信息的朋友和同事。

使用 O-N-E 策略以提出更好的问题

我使用我称之为 O-N-E 的策略来提出更好的问题。一旦我增加了问题的数量并提高了问题的质量，我的预约和销售就增加了。一个更好的问题应当达到以下要求：

» 揭示其他地方无法获得的、有价值的客户信息和客户需求；

» 从前面的问题有逻辑地延展开来；

» 吸引客户，但不让他们感到不舒服。

导向问题（Orientation Questions）

这些问题是关于行业和公司历史、使命、愿景、价值观、目标和挑战的“大局”问题。导向问题是基于从事前调研中了解到的关于公司的信息。例如，我曾问客户：“我听说你的公司准备宣布上市。你认为这对于你未来管理销售和市场活动有什么样的影响？”

基于需求的问题（Needs-Based Questions）

这些都是我的公司也许能够帮助解决的具体问题或客户公司会遇到的机遇。在这一领域，优秀的销售人员所做的事情大多数是其他销售人员经常忽略的事情：他们不仅询问公司需求，而且询问“需求背后的需求”。也就是说，他们深入调查是什么导致了这种需求，陈述需求及其重要性。例如，当一位客户告诉我我要进行的销售培训研讨会很受欢迎时，我第一反应会说“当然”。但我没有假设我知道她发表评论的原因，而是说：“我能理解这一点。我所有客户都希望我举办一个精彩的研讨会，但除了这些显而易见的原因之外，还有哪些其他原因使这个研讨会对你很重要呢？”她回答说：“我们公司所属的控股公司的新任 CEO 将出席我们的销售会议。这也是我就任销售副总裁后在全公司召开的第一次会议。”这些都是我需要知道的重要事实。

客户的回答表明了基于需求提出问题的另一个好处。许多购买决策都是基于个人和组织的需求所做出来的，因此对销售人员来说，了解个人观点也很重要。如果你巧妙地表达你的问题，你可以咨询你的潜在或现有客户，解决或不解决公司的问题，对他个人会产生怎样的影响。所以，当销售副总裁说这是她与销售团队的第一次全公司会议时，我问道："如果销售研讨会议成功进行了，这将对你个人有什么帮助？"

效果问题（Effect Questions）

效果问题指的是如何解决问题，或争取最大机会帮助组织和个人实现他们的目标。效果问题可以被认为是"悲伤和高兴"的问题。这些问题会让潜在或现有客户考虑不针对产品需求采取行动的（可悲的）后果，或者相反，考虑解决该需求的好处（当然，这会让客户感到高兴）。

大多数销售人员都会停留在基于需求的问题上，许多销售人员甚至都没有做到这一点，只是简单地展示他们的产品，而根本没有提出任何有意义的问题。然而，我们的研究表明，优秀的销售人员不仅会问更多的问题，而且提出的效果问题大约是其他销售人员的五倍。对于销售人员来说，仅仅问"XX 对你的公司有什么影响？"是远远不够的。他们需要问得更多。例如，如果潜在客户说"不解决这个问题，我们会损失收益"，那么优秀的销售人员可能会问："每年大约会损失多少收益？"

开放式问题（Open-Ended Questions）

优秀的销售专业人士会问很多不同类型的问题，但值得注意的是，他们通常会比不太成功的同行多问三倍的开放式问题。开放式问题需要的回答不是简单的"是"或"否"，而是需要进行延伸反馈，而这通常会产生感情和引出事实。提出开放式问题的一个好处是，可以让客户感到放松，而放松的客户通常会告诉你更多有关他们需求的信息。

提出开放式问题的潜在缺点：他们比封闭式问题更难思考，而提出问题的销售人员有失去谈话控制权的风险。然而，仅凭封闭式“是”或“否”的问题进行销售对话，这样做风险更要大得多。

封闭式问题（Closed-Ended Questions）

封闭式问题可以用“是”或“否”回答，或者用简短的，通常是事实性的响应来回答。例如，“你在哪里出生？”这是一个封闭式的问题，而“在芝加哥长大的感觉如何？”是一个开放式问题。封闭式问题的另一个例子是：“你在公司工作多久了？”，而“在贵公司工作是什么感觉？”则是一个开放式问题。看到区别了吗？封闭式问题的一个好处是，它们通过引导对话的方向来帮助你控制销售对话。然而，问太多的封闭式问题会让谨慎的客户感觉你好像在审问他们。

沉默是一种强大的信息收集工具

你可能听过这样一句销售用语：“谁先说话谁就输了。”嗯，这是错误的。如果客户先说，你和客户都会赢，因为通过讲述他们的需求，客户会给你一个满足他们需求的机会。你只需要沉默几秒钟，客户就可以扩展他们已经告诉过你的东西，或者分享一些新东西。

陈述式问题（Statement Questions）

陈述式问题，对任何销售人员来说，都可以增强拜访效果。一个简单的陈述，然后用一个简短的停顿，引导客户发表意见或见解。例如，你可能会说，“我认识的很多人都跟你是老乡，他们很喜欢自己的家乡。”大多数人会通过提供附加信息来回答这个陈述式问题。

请求客户的允许

优秀的销售人员通常会使用一种让他们的问题看起来不那么咄咄逼人的策略，即请求客户允许他们提问，并提及他们这样做的好处。任何人都可以用这种方法消除客户的戒备，让他们敞开心扉。例如，我有时会问：“如果我会问你一些问题，是用来帮助我们确定我们是否或者如何能够提高贵公司的收益，你会介意吗？”

文件的力量

对我来说另外一种方法，即从不太健谈的人那里获取信息的方法，就是给他们提供一份文件并要求他们对其进行评论。例如，在与C级管理人员讨论他们的公司是（或不是）如何受销售驱动时，我意识到他们中的一些人根本不想花时间思考这个问题。因此，我没有问他们有关这方面的问题，而是开始给他们一张图表，表上总结了我们对销售驱动型公司特征的研究，然后我让他们评论他们公司在哪些销售驱动方面表现出色。

轻松愉悦地提问

在我销售生涯的早期，我试图从一家大银行的执行副总裁那里收集尽可能多的信息。我一定是问了他太多太唐突的问题，因为他曾一度对我说："年轻人，你是想找茬吗？"不用说，我没有得到他的生意，但我确实吸取了一个宝贵的教训：我不仅需要尽可能多地收集信息，而且我还需要巧妙地做到这一点，要让谈话成为客户感觉愉快的一种体验。

要求明确

另一个重要的指导方针是，在你对潜在客户的意图下结论之前，先要求澄清。假设你一直在做一项大型、复杂的销售（一个涉及许多活动环节和多个利益相关者的联盟建设）。另外，在这项工作启动了几个月之后，曾应许你是现在唯一供应商的那位联系人，在这次声明中，用这句话开始了你的面对面会议："我希望你知道，由于你方最新的提议草案存在的问题，我们需要开始与其他供应商联系。"

任何类似"你怎么能这样对我？"的发问都不是轻松愉悦的对话。换句话说，如果你要寻求一个新的方向，来帮助理解你的联系人正在谈论的是提案的哪一部分，以及"与其他供应商联系"真正意味着什么，你可以保持对话的继续，并收集你需要的信息。例如，有可能只是某个特定产品的交货日期存在问题，你的联系人计划在整个交易的这个（微小）部分获得报价，除非你可以改进计划。

轻松愉悦也意味着在谈话中给予正确的口头支持。通过利用"我明白了""这很有趣"，甚至"嗯哈"等表达，让客户知道你在倾听。当然，你应该始终保持适当的眼神交流。

一句俏皮话能使人发笑

与客户的互动更愉快的方法之一，就是在你的问题中引入幽默。显然，你的幽默应该是具有品味和恰当的。例如，最近一次，在与一家《财富》500 强公司的新任销售副总裁的会面中，我首先祝贺他的任命，然后面带微笑地说："我们都知道管理销售人员是具有挑战性的。你如何管理团队中可爱的首席女主角？"他笑了，然后开始讲故事。这总是一个好兆头。

八种改善问题和快速启动销售的方法

1. 写出你想要了解的关于公司及其需求的最重要的信息。

2. 写下大约 10 个问题来获取这些信息，然后在 5 个最重要的问题旁边加上星号。

3. 与客户建立良好的关系后，告诉他你想问他的一些问题，以便你提出最好的建议来提高他的销售。

4. 将你在前期研究中掌握的一些东西运用到问题的措辞中。例如，"我看到你们公司提出要收购一个竞争对手。这会对你的营销和销售目标产生什么影响？"

5. 从开放式问题开始，然后通过问更多的封闭式问题来收集更详细的信息。

6. 使用陈述式问题，尤其是对那些比较谨慎和不太健谈的客户。

7. 记住，沉默也是一个很好的"问题"。

8. 使用赞美的问题而不是批评的问题，尤其是在拜访客户的早期。

回答客户的问题

关于提问的一个重要且经常被忽视的情况是，当客户开始质疑你时，如何回应。一般来说，来自客户的问题都是积极的迹象，因为提出问题本身就代表着，关于你的公司或者产品的信息，对方有兴趣，想了解得更多。然而，在回答客户问题时，有两个很大的风险：首先，你可能无法清楚地回答问题，或者无法让谨慎的客户满意；第二，你可能会失去对谈话的控制权，无法获得进行销售所需的信息。

在回答客户的问题之前，我建议你做以下工作：感谢他们提出的问题；然后，如果你对问题试图表述的内容不完全确定，请提出一个明确的问题；最后，尽你所能回答这个问题。为了不失去对谈话的控制权，我还建议你简明扼要地回答客户问题，然后立即跟进你自己的问题。这个规则的唯一例外是，如果你正在与具有高度控制需求的客户（许多CEO都属于这一类）交谈，你通常应该在提出自己的问题之前回答他们的所有问题。

做专业的销售员，像做侦探一样

销售人员和侦探一样，要想成功就需要找出关键信息。这就是为什么提问在销售过程中扮演着如此重要的角色，也是为什么最成功的销售人员不仅知道要问什么问题，而且还知道应该何时提问，以及如何提问。

策略 4

提供销售建议，抑制谨慎型客户的恐惧

很多时候生意没有达成不是因为价格过高，而是因为过于热切的销售人员在没有完全了解客户需求之前就推销他们的产品。

——罗恩·沃尔佩集团销售研究报告

在销售过程中，陷入困境的销售人员常犯的一个错误是，他们“信口开河”，在没有完全了解客户需求和评估他们寻找解决方案的动机之前，就急于介绍有关产品或服务的信息。如果你过早地开始推荐，交易可能就会从你手中溜走，所以“保留火力”，先收集所有的事实。

让客户参与销售过程

尽管今天大多数客户出于必要而非常谨慎，但如果你在提供任何建议之前首先表明你完全了解他们的需求，他们更有可能从你这里购买。要做到这一点，不仅要让客户参与定义问题，而且在可行情况下要让客户参与制订建议。虽然客户不会像你一样了解你的产品，但邀请他们和你一起来思考两三个选项，然后给出你的建议，这是对客户的尊重。

例如，不是用咄咄逼人的语气对客户说：“这就是你应该做的……”

如果你这样说："我认为有两种可能的选择，可以帮助你利用这个机会（或解决这个问题），让我们来讨论一下，然后一起找出最适合你的方法。"这样就会更易于促使客户"买进"。

客户眼中的产品优势

你会考虑买一套适合所有人的套装吗？可能不会。然而，这是销售新人经常犯的一个错误，尤其在销售过程中，当销售员试图定义他们的产品或服务的特性和优势时。他们认为产品的所有功能对每个客户都有利。然而，在理解如何将功能转换为满足客户需求的优势之前，区分产品或服务的功能和优势也是很重要的。

功能是关于产品或服务的事实，而优势是功能如何满足特定客户的需求。优秀的销售人员知道，客户购买产品和服务是因为它们的优势，而不是因为它们的功能。优势使组织、企业和个人能够节省时间、金钱和精力，提高利润，消除浪费，并更有效地展开行动。

例如，一个精明的电脑销售员可以这样区分产品功能和优势："这是一台功能强大的笔记本电脑，有 6G 的内存，15 英寸的屏幕，只有 1.5 磅重。这些产品特性的优势是，电脑可以同时运行多个软件程序，从而节省你的时间，而且它完全便携，大屏幕看起来也很舒服。"

使用"那又怎样？"测试

优秀的销售人员知道，并不是产品或服务的所有优势，都可以吸引到客户，无论它们有多么花哨或有用。那么，你如何知道你的产品或服务的哪些功能，可以成为满足客户需求的优势呢？答案是使用“那又怎样？”（So What？）来进行测试。

假设你是一家新车经销店的销售员，你销售的车型有勃艮第色（勃艮第，法国中部的一个省，盛产葡萄酒，勃艮第色是勃艮第葡萄酒的颜色）、蓝色或米色。如果客户不喜欢这三种颜色中的任何一种，他可能会想“那又怎样”，他不会将这些颜色视为一种产品优势。事实上，颜色的选择甚至可能引发出一个不买汽车的理由。同样地，我们假设，由于制造商使用了一种新的复合材料，你销售的汽车重量比其他车型轻，因此可以获得更好的汽油里程。许多销售人员可能会把省油作为一种优势，但当你提到这一点时又可能冒了一点点的风险，除非在讨论过程中，客户明确表示需要降低燃油成本。

尽管许多客户可能有这种需求，但并非所有客户都同意省油与其他优势一样重要。有些客户可能会认为：“省油是很好，但是如果发生事故，一辆轻型车则不能像重型车那样保护我，而且乘坐起来也没有那么舒适。”即使客户认为降低燃油成本是一种需求，他们可能会认为它是“有则挺好”，而不是“必须拥有”。因此，在确定客户需求的优先级之前，最好不要强调某些特定的优势。然后，当客户问“那又怎样？”时，答案会清楚地表明，这种优势足以证明其购买的合理性。

衡量行动和不行动的影响

许多缺乏经验或处境艰难的销售人员，常常在推销自己的产品或服务时，没有说明这些产品或服务可能会对客户的盈利能力产生什么样的影响。另一方面，优秀的销售人员首先关注的是产品的“价值定位”，因为企业只有在能看到投资的潜在回报时才会投资产品或服务。为此，你需要了解如何满足其特定需求，从而有助于增加客户的利润，然后更个性化地帮助你的客户。

“什么都不做的代价”

对于想要做出一些改变的谨慎客户来说，尤其是涉及昂贵的采购，销售人员首先要让他们完成一个衡量过程，这个过程关注的是什么都不做的成本。例如，假设 XYZ 机械公司的制造工厂每月生产 100 个器件，每个器件的售价为 1000 美元。然而，由于他们使用的是过时机器和低效工艺，他们每月生产的产品中有 10% 是有瑕疵的，必须丢弃。如果不采取严厉措施，关注客户什么都不做的成本，你可能会问：“你说，使用你现有制造设备，由于瑕疵，每个月损失 10 个器件。如果没有瑕疵，按每个器件可以卖 1000 美元来算，你每月因为次品器件而损失的销售收入是 10000 美元。差不多吧？”

然后，你可能会继续计算间接成本，比如置换这些次品所花费的时间，更重要的是，这些次品对客户造成的不良影响，以及因为客户的不满意而失去他们的推荐。

描述潜在的投资回报

一旦你和你的客户确定了不做改变的成本是多少，那么是时候描述你的产品或服务的价值定位和潜在的投资回报了。然而，苦苦挣扎的销售人员在做出无法得到合理支持的承诺时，这不仅反映出了他们的绝望，也反映出了他们缺乏经验和信誉。这就是原因所在，如果你描述了投资的潜在回报，或提供了支持提议的相关案例研究之后，那么说服潜在客户考虑购买你的产品或服务的机会将会大幅提高。例如，你可以说："好吧，我们已经基本上可以确定你每月损失了10000美元的原因了，那就是因为你的这台老机器出了问题。让我问你一个问题：如果我告诉你，我有一个存在类似情况的客户，他是如何靠更高效的制造机器来增加利润的，你有兴趣听更多吗？"

描述增加正面结果和减少负面情况的好处

在讨论收益时，如果你使用"增加"和"减少"这两个术语来证明客户的投资回报，即使是谨慎的客户也会更愿意接受你的建议。例如，你可以说："你是否有兴趣让我向你展示，我们将如何增加贵公司的利润（收入、效率、形象、产品质量、市场份额、客户推荐和满意度、员工士气和流失率等等）？"或者"你是否有兴趣让我告诉你，我们会如何减少贵公司的原材料成本（客户流失、供应商依赖度、政府罚款、招聘失误、诉讼问题、人才流失到竞争对手那里、管理 / 员工冲突、订单执行时间、产品缺陷、生产和营销成本、员工投诉、资源和时间浪费等等）？"

在竞争对手不能满足客户需求的地方提出建议

在当前全球经济形势下，一场大型销售活动中遇到国内外的竞争对手是很常见的。然而，苦苦挣扎的销售人员在他们急于进行销售的时候，有时会忘记做好准备迎接来自竞争对手的挑战。只需敲击几下电脑键盘，你就可以很容易地从网络资源、公司文件中了解到你的竞争对手，有时甚至是以从竞争对手那里购买的方式来了解你的竞争对手。优秀的销售人员知道，关于竞争对手的最有用的信息可能来自你的客户。下面来讲如何挖掘“商业情报”的金矿。

在销售拜访中，当你问到客户是否在与其他公司会谈时，关于你想了解的内容，他们通常会告诉你。大多数优秀的销售人员都知道，竞争对手减少反而会对销售产生相反的影响，因此他们会适当地询问有关竞争对手的优惠力度或产品问题。因此，他们得到了大量的信息，可以帮助他们从竞争中脱颖而出。

此外，我注意到，当我向潜在客户询问，他们喜欢竞争对手哪些方面时，他们会告诉我相关信息，然后，在没有进一步提示的情况下，这些信息往往会继续透露出，他们不喜欢竞争对手的哪些方面。这种商业情报可以帮助你，不需要直接面对竞争对手，就可以发现你的产品的优势。与此同时，无论客户是否决定支持你，你都可以尝试让他们透露，与竞争对手相比，他们对你的产品或服务的喜欢和不喜欢之处。

慢慢来，完成更多销售

如果特定市场不景气，而你又难以达到目标，尤其是面对忙碌或谨慎的客户，你可能会急于推销自己。然而，在你亮出底牌，并开始报价之前，请先退一步，想想客户为什么会从你这里购买产品。如果你花时间去定义他们的需求，并针对你的产品或服务明确能够满足客户需求的具体优势，客户会知道你已经做过功课了。而且，与其承诺一个未经证实的解决方案，还不如开展一次合作商讨，首先讨论“什么都不做的代价”，然后“描述潜在的投资回报”，最终，你将获得客户的信任。这种方法的最终结果是什么？你花费时间越多，了解客户需求越充分，提供的建议越好，描述的投资回报越高，你进行销售的可能性就越大，并能使你的客户成为你公司的拥护者。

策略 5

直面客户异议，说服风险厌恶型客户

70% 的销售人员认为，销售无法达成是因为价格，然而，只有 45% 的客户表示价格是他们的主要异议。

——罗恩·沃尔佩集团销售研究报告

在销售生涯早期，当客户对我提出的解决方案提出异议时，尤其是在我的销售业绩下降的当月，我会很生气。当销售经理（他自己从来没有做过销售）责备我说："罗恩，如果你在销售拜访中表现得很好的话，客户永远不会有任何异议。"

我生气是不对的，但经理认为异议是一件坏事的想法，则错得更多。事实上，异议在销售过程中往往是一个正面反馈，因为这表明客户一直在倾听并仔细考虑我们提出的解决方案的优缺点。

在某些情况下，客户可能有意愿购买我们的产品，但只是提出异议，试图使我们降低价格。一个经典例子是，许多人在磋商二手车价格时，会指出车的缺陷，试图让卖家降价。顶尖销售人员有时会认为销售拜访太简单了。他们的意思是，如果客户没有表示异议，则可能不会认真考虑这些产品或服务。当客户开始提出异议时，则表示真正的销售要开始了。

异议表象

苦苦挣扎的销售人员常犯的一个错误是忽视客户异议。结果，他们要么放弃销售，要么试图迫使客户做出承诺。顶尖销售员的做法恰恰相反。他们倾听客户反馈，甚至挖掘出客户异议的隐藏含义，鼓励客户表达他们的意见。如果不这样做，则并没有消除客户异议，即使你已经转移到另一个问题上，但客户可能仍然困扰在这个问题上，没有注意到你说的任何其他事情。

如果你确实感觉到客户有担忧，相对于说“你似乎有异议”，换个表达方式说“我可能搞错了，客户先生，但你似乎有个问题”。不在谈话中用“异议”这个词，会让你的客户更愿意分享他的想法。

罗恩•沃尔佩集团进行了一项调查，询问了各行各业销售人员没有成功达成某项业务的原因。在70%的案例中，销售人员将他们没达成业务的原因归咎于价格。随后，我们又去问了这些客户没有购买的原因。尽管“价格太高”是最常见的拒绝理由，但只有45%的案例显示价格是拒绝购买的主要原因。客户提到的一些其他原因有：

» 不需要；

» 不喜欢这家公司；

» 觉得另一家公司的产品更能满足他们的需求；

» 和销售人员在一起感到不舒服；

» 与其他公司或销售人员有合作；

» 对销售人员给出的报告或提案失望；

» 决定使用内部解决方案；

» 没有时间考虑或使用产品。

一旦客户表达出异议，我建议销售人员采取以下五个步骤：

第一步：感谢他们，分享他们的担忧。

第二步：分析他们所说的话，确保自己正确理解了他们的异议。

第三步：在回答具体异议之前，询问客户是否还有其他异议。这个问题能让他们立刻把所有异议都摆到台面上，防止客户把你困在无休止的提出异议然后回答的循环游戏中。

第四步：一旦你的客户描述了他们所有的担忧，紧接着要做的是根据特定异议提出具体问题。这样做是为了准确理解他们所说的某些词语的意思，比如“你的价格太高了”。

这个问题的信息很明确：如果客户表达了对价格（或其他任何事情）的担忧，先请他们更具体地细化描述对价格的担忧会比立马给出回应要好一些。例如，你可能会问：

» “真正的问题是价格高呢？还是预算不够？”

» “我的价格与其他公司的价格相比如何？”

» “我现在的价格比你之前的要高吗？”

» “同意这个价格的话，你需要其他人的批准吗？”

» “你觉得我们的产品物有所值吗？”

第五步：当你应对异议时，请和客户确认他们对你的回应感到满意。

使用这五步流程可以展示出对客户的尊重，并且通过延迟响应以给自己更多的时间获得更多信息，制订更周到的回应。无论如何，对你来说，最大的回报是，它增加了让客户将你视为合作伙伴（和思想领袖）的可能性，而不是试图强迫他们适应某种产品的对手。

以专业表现来处理异议

除了使用刚才描述的流程来攻克异议之外，你还需要在应对异议时保持专业态度。这意味着无论是表达内容还是表达方式，都要保持镇静，要让你的表达听起来更像是在协商，而不是在防御反击。专业表现的一部分意味着你要对客户表现出同理心。例如，如果客户说："这是一个重大决定，我们希望它是正确的。"不要用虚假的保证或陈词滥调来回应。相反，你可以说："我理解。我的目标是确保所有的细节都是正确的，并且让你对结果感到满意。"

应对异议质疑和困难阻碍

你说服犹豫不决的客户同意销售的方式取决于他们的担忧类型。客户的担忧通常分为两类：异议质疑和困难阻碍。

异议质疑是客户认为你的公司的产品或服务不能满足他们的需求，不管这种需求是正确的还是错误的。异议质疑主要分为三种，你应该用不同的策略来回应。

基于误解的异议

第一种异议是由于误解。在这种情况下，客户获得了错误信息，且没有意识到得到了错误信息。他们可能没有正确地回忆起信息导致误解了你或其他人说的话；或者他们曾经读到或听到的是正确的，但现在已经不再正确或有效。例如，如果一位客户告诉她的银行经纪，她要把账户转到另一家银行，因为她需要一家能够晚间营业的银行，而事实上，你的银行确实有晚间营业时间，那么这位客户就在表达一种误解。

在处理误解时，即使你没有过错，也要为客户的困惑或不准确的信息承担责任。你可以这样说以消除客户误解："如果我没有说清楚，很抱歉。我很乐意告诉你，我们在你附近的分行每周四都营业到晚上 8 点。"

基于怀疑的异议

第二种异议是基于怀疑。在这种情况下，客户不接受你所说的。这时，你需要提供某种形式的证明。不一定要有能在法庭上站得住脚的证据，但要有足够证据消除客户疑虑。例如，如果客户不相信你们银行是定期存款利率最高的银行之一，你可以向他们展示独立的第三方针对不同银行的利率的调查结果。

基于缺陷的异议

第三种异议是基于一种缺陷。在这种情况下，客户需求是你的产品无法满足的。例如，如果客户希望汽车是绿色的，而你所销售的汽车只有红色、蓝色或黑色，这对这些客户来说就是一个缺陷。你可以使用以下两种策略来弱化缺陷。一是通过提醒客户该产品的其他好处来消除异议（记住，产品优点是能够满足客户需求的产品特性）；二是提出另一种选择。

在第一个例子中，你可能会说："亲爱的客户，虽然我们确实不提供绿色汽车，但你曾提到喜欢我们很经济的油耗和舒适的驾驶体验。这难道不能弥补没有你的首选颜色的缺憾吗？"另一种选择是提供替代方案，比如这样说："虽然没有绿色的，但我们许多客户认为蓝色车看起来很棒，我们来看一看蓝色的。”当你为客户提供其他选择时，需要注意的一点是，不要给他们过多的建议，以免让他们感到困惑。

应对困难阻碍

困难阻碍与你的产品或公司无关，而是与客户的内部事务有关。例如，如果客户想签订购房合同，但需要配偶签字，房地产销售人员可能会问客户，他或她的配偶什么时候能签字。为了增加至少与其中一人达成交易的可能性，销售人员可以这样问：“如果你能自己做决定，你会赞成买下这处房产吗？”

困难与借口

提出问题不仅能反映出客户的真正担忧，还能告诉你，客户在购买你的产品时，是遇到了真正的困难，还是仅仅给了你一个借口。借口或托词，通常意味着客户不需要你的产品或服务，或者是对你的产品或服务不感兴趣，但出于某种原因，他们认为编造一个不能从你这里购买的理由更容易。例如，对于那些实际上习惯在做决定前与配偶确认的客户来说，没有与配偶商量是一个切实障碍。另一方面，如果客户只是这么说，或者甚至可能没有配偶，那么这就是一个经典借口。

我曾经和一个没有经验的销售人员一起拜访一家全球连锁酒店公司的市场营销高级副总裁（SVP）。当销售人员提出他的建议时，从 SVP 的肢体语言和不问问题可以明显看出，他并没有沉浸于销售人员的建议。拜访结束，当销售人员问 SVP 是否愿意继续采用其推荐服务时，SVP 说，没有副总裁（VP）（向他汇报）的同意，他不能这样做！但是，VP 休了三个月产假。在这种情况下，我很清楚这是一个借口，而不是真正的困难。

为客户提供有用信息

对于你和你的客户来说，有用信息决定销售的成败。你对客户的困难调查得越多，你提供出可行解决方案的机会就越多。例如，在前一种情况下，在 VP 缺席时，你可以问 SVP：

“你还有其他什么顾虑？”

“VP 是否可以在电话会议上审查或讨论你的提案？”

“如果有帮助的话，我很乐意把提案电邮给她。”

“我很好奇，VP 不在的时候，你们公司是如何做出其他决策的？”

你也可以通过问开放式或封闭式问题，或使用陈述性问题来区分借口和困难。例如，如果你怀疑客户对你不诚实，你可以说：“有时候客户对我们的产品不是很感兴趣，但又不想伤害我的感情，也会这么说。”然后等待客户回应。

同样，一些客户会说：“让我想想。”这个陈述可能是有效的，也可能只是一个借口。但是无论哪种情况，你都需要问更多问题来确定客户的真正意思。

当苦苦挣扎的销售人员听到潜在客户说：“让我考虑一下。”他们可能会说：“我什么时候再和你联系？”虽然这是礼貌回应，但至少在当下，它结束了销售过程。但是，优秀的销售人员更可能会说：“我能理解这对你来说是一个重要决定。也许，我能帮你节省一些时间。我想问一下，在做出这个决定时，你会考虑哪些事情？”“你会和其他人讨论这个决定吗？”或者，“只是为了讨论一下，如果你在这个时候做决定，会倾向于什么？”

客户可能会说：“我现在有太多事情要做，请两三个月后再给我打电话。”类似话语可能是因为客户确实有困难，但更可能只是一个借口。可以理解，客户，尤其是高管，他们非常忙，但这话也有可能只是客户在找借口。鉴于此因，婉转地探究一下客户的话背后的真正含义。例如，你可以说：“尊敬的客户，在不透露任何机密信息的情况下，请问两三个月后你的情况会有什么不同吗？”如果客户只是简单地说他现在很忙，很可能这不是真正的原因。

练习如何应对常见的客户异议

当听到异议时，好消息是大多数销售人员都会反复听到同样的异议（尤其是关于价格的）。因此，一个能简单快捷地提高你销售的方法是，把这些常见的异议记下来。然后提出一些合理解决方案来解决客户的担忧。练习应对之策，并在客户身上试验，看看你的回应的说服力。你可以和一个或多个同事一起做这件事，让这个练习变得更有效。这样，你就会有明智的策略来解决顾客拒绝购买的最常见原因。

策略 6

设立销售目标，获得犹豫型客户的承诺

销售人员采用的成交方式与他们能否成功地让客户承诺下一步之间没有关联。

——罗恩·沃尔佩集团销售研究报告

最近，我被一家知名保险公司的 CEO 邀请在他们的年会上做一个关于如何获得成交的演讲，虽然我的公司与这家公司之前没有合作过，但我依然当场答应了他的要求。然而，在我准备演讲时，一个令人不安的想法突然出现在我脑海中。我不明白为什么他让我谈论销售技巧而不是其他任何销售话题。所以我拿起电话问了他这个问题。他回答说，他的团队新业务数量比前一年有所下降。在与他的销售团队进行了进一步讨论和电话沟通之后，我清楚地认识到，他的团队真正需要的不是销售技巧，而是“开拓技能”。

换言之，他的销售团队有很高的转化率（他们与潜在客户成交的比率），但是他们没有充分挖掘新客户，并将新的客户资源并入到潜在客户队列。他们在引入新业务方面遇到的困难，与销售技巧上的不足无关，而与他们在获得新的预约拜访方面的困难有关。看了我的调查结果后，该公司 CEO 听取了我的意见，同意我把演讲主题设定为如何发展新业务，而不是销售技巧。

销售人员应掌控主导权

与超额完成销售目标的同事相比，那些尚未完成销售目标的销售人员在销售拜访中成交偏少，也相对缺乏销售技巧。交易达成对客户和销售人员来说是双赢的。你可以把成交过程想象成一个邀请朋友到家里聚餐的情形：当朋友接受了你的邀请并到达你家后，作为主人，是你（而不是你的朋友）决定什么时候开始准备晚餐，什么时候邀请你朋友坐下用餐。

如果你对成交有犹豫之处，问问自己这个问题：当客户抽出时间来见你，邀请你去他们办公室时，你真的认为客户会惊讶于作为销售人员的你邀请他们开展下一步销售流程吗？

五个销售失败的原因

通过我们公司的研究以及我个人经验表明，销售人员成交失败的原因有五个。

1. 销售人员不希望草草结束销售，从而给客户和自己带来太大压力。他们过于担心销售拜访的结果，以至于不够放松，没有问够问题，也没有倾听客户需求。有一种非常流行的销售策略是“ABC（Always Be Closing）策略，一直在成交”。这听起来很好，但这不是真的，它导致许多销售人员离客户越来越远。

2. 销售人员有时会夸夸其谈，结果错过了客户表明他们准备采取下一步行动的信号。

3. 如果销售人员的销售技巧拙劣，就会削弱客户对他们的推荐的信心，降低客户决心开展下一步的意愿。

4. 销售人员没有计划二次销售目标——如果客户没有承诺主要销售目标，销售人员可以提供二次销售目标，这仍然会促进销售。

5. 销售人员还没有达到他们的销售目标，就不愿意或者干脆不去要求客户采取下一步行动。

设定销售目标

重要的是要记住，成交并不总是意味着让客户在签字处签名。对于复杂销售（其中可能有许多决策影响者、许多决策标准和许多在销售完成之前的关键事件），成交是迈向销售的有意义的一步。它推动销售，因为它需要客户承诺。不管他们是否达到目标，顶尖销售员每次的销售拜访都会思考清楚销售目标。例如，他们的销售目标可能是让客户承诺：

» 安排与决策者的会议；

» 向你发送提案要求；

» 告诉你他们的决策标准和决策过程；

» 邀请你做一个演讲；

» 同意开会讨论你的建议；

» 去现场参观（对酒店来说）；

» 联系你的推荐人；

» 试点试用你的产品或服务；

» 把合同送到他们的法务部；

» 签署一份承诺书；

» 签合同；

» 给你汇货款或下订单。

使用 C-A-R-S 创建销售目标

顶级销售人员并不是总能实现他们的销售目标，但他们通常会实现至少一个销售目标。良好的销售目标符合 C-A-R-S 标准：

C= 以客户为中心（Customer-Focused）

这要求客户（而不仅仅是销售人员）采取一些行动。例如，有一次，一家联邦信用合作社的总经理让我把我们的提案寄给他。我没有同意他的要求，而是建议约定个时间，然后我亲自去和他一起审阅。当他同意这样做之后，我才同意写提案。

A= 推动销售（Advances the Sale）

需要客户同意将你推向销售实质的步骤（例如，你将获得产品或服务的收款）。在大多数企业对企业的销售中，期望第一次销售拜访客户就签合同是不现实的，但是，正如前面提到的，销售人员需要要求客户至少在这个方向上迈出一步。

R= 现实的（Realistic）

销售人员经常承受着巨大压力，他们希望所有的第一次销售拜访都以签署合同或签发支票结束，这是可以理解的。在复杂销售中，这种情况很少发生，尤其是当你试图在低迷市场中赢得谨慎客户时。尽管销售目标应该是雄心勃勃的，但目标也需要是现实的。

S= 具体（Specific）

我说的具体是指可测量的。如果前一个例子中的客户同意在某个未确定的时间与我见面，这是积极的，但更好的是他同意为会议设定一个具体的时间。

设定次要目标

与同行不同的是，收入最高的销售人员还设定了次要销售目标。这样，如果不能达到他们的主要目标（通常是更有野心的）时，仍然可以推动销售。如果客户对主要目标和次要目标都不能达成一致，销售人员就可以决定这笔交易是否值得进行。

例如，销售人员可能要求客户签署合同，客户可能会说需要由他的老板决定。顶尖销售人员会在销售拜访之前就预料到这种可能性，并可能会建议联系人安排一次与其老板的面议，让他们三人一起审查合同。如果联系人不愿意这样做，销售人员会找出原因，然后决定这个客户是否仍然值得继续追踪。

识别购买信号

除了懂得如何进行销售，顶尖的销售专家更懂得什么时候成交。他们能识别出语言和非语言的购买信号，并在适当的时候要求客户做出承诺。在低迷的经济形势下，购买信号可能更加微妙，因为消费者可能对做出决定更加敏感，更担心做出错误的决定。出于这个原因，重要的是要与那些表明客户已经准备好进入下一步的变化保持一致。

每个行业的客户会用不同的术语和不同的方式表示他们想从你这里购买的意图。无论如何，你应该坚持寻找某些通用指标。它们可能是口头的，也可能是非口头的，或者由客户采取的某些行动组成。客户表示他们已经准备好迈出下一步时，他们会这样说：

» “听起来不错。”

» “那么下一步是什么？”

» “我们什么时候可以开始？”

» “我什么时候能收到？”

» “谁将为我服务？”

» “付款条件是什么？”

» “你们接收信用卡、电子支付或者采购订单吗？”

» “你们的信用政策是什么？”

» “完成这个项目需要多长时间？”

客户也通过非语言信号（身体语言）来表示他们的购买意图，例如：

» 微笑；

» 点头；

» 展开双臂，身体向前倾；

» 伸出手来和你握手；

» 说话声音更大或更生动。

最后，客户可能通过以下行为来表明他们的购买意向：

» 邀请你共进早餐、午餐、晚餐，或者邀请你一起喝一杯；

» 把你介绍给他们公司的其他人；

» 给你他们公司的介绍资料；

» 邀请你参加他们公司的活动，如高尔夫球郊游。

无论何时，当你接收到一个口头或非口头的信号，或者看到客户采取了这里列出的行动，建议下一步，使用下面的销售技巧。

提高销售的五个技巧

重要的是，你要计划一个销售目标，并在可能情况下每次销售拜访都尝试使用技巧。使用哪种类型的销售技巧并不重要。不过，我确实建议你使用符合这两个标准的销售技巧：第一也是最重要的是，客户会感到满意；第二，你用起来很舒服。如果你还没有达到想要达到的目标，或者即使你已经达到了目标，试着使用下面的技巧，看看你最习惯哪一种。

1. 假定成交法。销售人员假定客户同意购买。他告诉而不是要求客户采取下一步。例如，“我会继续跟进，起草好合同等你来签。”这种销售技巧可能对优柔寡断或控制需求不高的客户最有效。

2. 选择成交法。销售人员提供了两个积极选择。例如，“你想让我把合同电邮给你还是隔天寄给你？”这种销售技巧相对于假定销售来说通常最适合需要控制的客户。注意：使用这种销售技巧，千万不要说“你想不想继续”，因为这样就为客户提供了拒绝机会。

3. 直接请求成交法。销售员问：“我可以帮你写合同吗？”这种销售技巧最适合需要控制权的客户，比如说许多 CEO。

4. 总结成交法。销售人员总结了关键需求和优势，然后要求成交。例如，他可能会说：“你说过你需要一个能让你做 X、Y 和 Z 的产品，你已经看到我们的产品做得有多好。”这种销售技巧通常最适合分析能力很强的客户。

5. 紧急成交法。销售人员向客户强调时间的紧急性。例如，他可能会说，“我们通常会在这个时候提价，我不想让你错过当前的低价。”如果你说的是真的，这种销售方法最有效，否则可能会损害你的信誉。

当然，你可以组合使用这几种销售技巧。例如，你可以总结收益，然后使用选择成交法或紧急成交法。

建立专业形象

不管你使用哪种销售技巧，重要的是要在行为和语气中传达出自信和专业的感觉。除了用你的行为和语气建立专业形象，还可以通过与客户讨论来强化你的专业精神。如果你以前没有这样做过，那他们是如何衡量你的产品或服务呢？如果他们没准备好回答这个问题，你应该准备好给他们一些建议。

当客户说“不”

不管你使用哪种销售技巧，只要你是销售人员，你就会遇到一些拒绝销售的客户。陷入低谷的销售人员在听到“不”的时候，有时会犯两个根本性的错误。首先，他们认为这是针对个人的。他们痛恨自己，认为自己做错了什么。在大多数情况下，他们并没有做错什么。重要的是要记住，如果客户拒绝你的推荐，他并不是在个人层面拒绝你。我经常对自己和与我共事的销售人员说：“不要自以为客户在拒绝你。”客户甚至都不会想到你。更有可能的情况是，他在考虑自己的预算，或者如果他支出经费了，老板会怎么说。顶尖销售员的不同之处在于，对他们来说，“不”的意思是“现在不行”，而不是“永远不行”。

销售人员在销售被拒绝时犯的第二个错误是，他们忘记问客户：“为什么？”战略三中描述了克服异议的各种策略，但重点是找出异议的具体原因，试着克服它，然后再次要求客户做出承诺。

在你发现新的异议之前，如果客户仍然拒绝采取行动，你通常不应该在会议上试图进行第三次销售。但是，你应该在另一个时间点与客户重新讨论它。

销售总结

没有完成销售目标的销售员有时候会在达成交易后忘记对销售过程进行总结。这是个错误。不仅要达成交易，而且要总结销售。如果察觉客户有时会对他们的决定有第二个想法，记得在“买家的悔恨”到来之前感谢他们，并让他们对所做的决定放心。例如，你可能会说：“我们很高兴与你在这个项目上合作，并且基于与你这样的许多其他公司的合作，我们相信你会看到，由于我们与你公司的合作关系，你公司的收入（或盈利能力，或效率，或客户维系）将显著提高。”

当客户表示同意后，你可以在当下确认下一个步骤和时间安排来节省自己和客户的时间，而不是等回到办公室后再与客户联系。同时鼓励客户向你提出他们可能有的任何问题，并当场尽可能具体地回答他们。离开前，握手、微笑，与客户建立眼神交流。在出去的路上，记得感谢客户的助理。

当你回到你的办公室时，最好给客户发一张手写的便条（在你的个性化便条卡上），感谢客户为你的生意所做的一切，并对你的产品的价值表示信心。尽可能邀请客户参加一些庆祝活动，如午餐或晚餐、高尔夫郊游或球赛。最后，如果你不是公司的高级管理人员，特别是如果你销售的业务规模很大，请你公司的 CEO 或 C 级别的高管打电话给客户公司的决策者或 CEO，感谢他们的业务合作，并向他们保证预期的结果。

策略 7

准备销售报告，吸引焦虑型客户的注意

优秀的销售人员写出销售演示内容并进行演练的次数比不太成功的销售人员多三倍。

——罗恩·沃尔佩集团销售研究报告

在我销售生涯的早期，为了从一家高科技公司获得一份六位数的销售咨询合同，我与两家规模更大、知名度更高的竞争对手展开了激烈竞争。客户公司既喜欢我们公司的方案，也喜欢其他公司的方案，而在他们的决策委员会，包括他们的 CEO 和其他 C 级高管面前的销售演示，是他们决策过程的最后一环。那时候，我是一个高效销售人员，但我绝不能自称是一个耀眼的演讲者。这让我很担心，但更让我焦虑的是，我知道我的两个竞争对手都是很有成就的演说家。那位女性销售主管在她职业生涯早期是一名职业演员，而另一家竞争对手的销售人员则是一个英语演讲会分会的主席。

在我们三个人发表演讲的第二天，我与客户公司的销售副总裁联系，他首先告诉了我一些我害怕听到的事情。我的竞争对手在演讲时表现得更出色，幻灯片展示的图形也更专业（这是在 PPT 出现之前）。但他接着说，他的决策委员会将这项业务给予了罗恩·沃尔佩集团。我惊呆了，但很高兴。第二天，我们共进午餐，以便于我能够更全面地向他汇报报告情况。在那次午宴上，他告诉了我一些我永远也不会忘记的事情。虽然我的两个竞争对手都做了比我更精彩的销售演示，但他说："你们公司对我们的需求掌握得更好。"

准备工作是成功销售的关键

以下是我为销售演示所做的准备，以及我的竞争对手（令我惊讶的是）没有做到的。首先，我问我的联系人我是否可以给他将要出席销售演示会的同事打个电话，向他们介绍一下我自己。他同意这么做，还同意给他们写个便条，让他们知道我会给他们打电话。除此之外，我还请他告诉我他们名字的正确拼写和发音。当我接到他们的电话，做了自我介绍之后，我：

» 对他们公司上一季度创纪录的利润表示祝贺；

» 通过倾听和认可他们的销售挑战，与他们建立了信任关系；

» 问他们如何看待这种需求；

» 问他们想让我在演示中重点展现什么；

» 确定他们的决策标准。

在参加销售演示之前赢得业务

销售演示的目的不仅仅是提供信息或说服客户，而且要尽可能地为自己创造有利的势头，从而赢得业务。通过事先了解并控制流程和内容，你可以在演示之前从谨慎客户那里赢得业务。许多还没有达到预期目标的销售新人的演示会显得很薄弱，因为他们没有针对演示流程及客户的期望内容提出足够多的问题。

为强化销售演示并建立信心，在演示前尽可能多地询问以下问题：

» 演示的时间和地点；

» 演示时长；

» 客户将提供什么设备和材料，你应该带什么；

» 与会者的姓名和头衔，以及其他相关信息，包括他们的电话号码和电子邮件（如果你的联系人愿意提供的话）；

» 其他公司的演示时间与内容。

成功进行销售演示的第一步：列出演示议程

只有在你了解了演示的流程和客户的期望之后，你才能开始专注于演示内容。你可能已经很努力地建立了信誉，所以会被邀请去做演示。不要把事情搞砸了，不要说那些陈词滥调，更不要没有任何准备就即兴发挥。客户，尤其是高层决策者想知道，你花了时间了解他们的公司，以及你们公司可以帮助他们实现目标的具体方式。这意味着你要了解他们公司的目标、需求和关键问题，并理解他们的文化。如果你把他们的产品和术语与演示示例结合可以增强可信度。

除非客户给你提供了一个演示议程，否则在开始之前要把你的演示结构做一个详细安排。我通常使用以下八点构建我的演示：

1. 介绍我自己和我的公司，并感谢客户抽出的时间；

2. 概述演示议程，确保符合客户的期望；

3. 确认客户的目标和需求，并邀请他们扩展这些目标和需求；

4. 提出我的建议，并征求他们的反馈意见；

5. 讨论投资收益与费用；

6. 提出下一步行动；

7. 回答所有问题并总结要点；

8. 谢谢客户和我的联系人，并说明我将在何时以及如何跟进。

构建演示结构

在销售演示中，你要试图说服你的听众你所建议的解决方案是最好的，关键是让你的听众能够轻松地遵循演示的整个流程。为了达到这个目的，以下方式可以帮助你的听众看到你演示的整体结构：

» 简述演示内容；

» 展开演示；

» 总结演示要点。

使用幻灯片和讲义

现在，许多销售人员在他们的销售演示中使用幻灯片，但很多人过于依赖它，犯了一些典型的错误。使用幻灯片来强调你的重点，而不是将它作为介绍你的重点的一种方式。你的幻灯片旨在吸引观众的注意力，帮助他们回忆你演示的亮点，所以要谨慎使用。下面是一些在你的销售演示中使用幻灯片时应该做和不应该做的事情：

» 60 分钟的演示最多使用 10 张幻灯片；

» 每张幻灯片不要超过 10 个单词；

» 使用易于阅读的字体；

» 不要使用小于 30 磅的字体；

» 一定要使用图形或项目符号来突出你的重点；

» 不要大声朗读幻灯片；

» 一定要告诉客户幻灯片上没有的内容；

» 不要依赖幻灯片来进行演示；

» 用幻灯片练习你的销售演示。

在销售演示中，要点明确的讲义是非常有效的，这样客户就可以在接下来的过程中记下笔记或问题。因为讲义代表着你和你的公司，所以要花时间让它们看起来更专业。有个加分项，你可以添加彩色图形，或者使用客户公司的名称或 LOGO。

然而，即使你已经完成了这一关键的准备工作，任务仍然没有结束。下一步是练习和完善销售演示。

熟能生巧

世界著名钢琴家亚瑟•鲁宾斯坦曾经说过：“如果我一天不练习，我就知道有什么不同了。如果我两天不练习，我的管弦乐队就知道有什么不同了。如果我三天不练习，我的听众就会知道其中的区别。”确实，这位音乐家大师的评论直接说明：熟能生巧。正如我的高尔夫球教练一直对我说的：“熟能生巧。”

每当我做销售演示、演讲或举办研讨会时，我不仅在家里或办公室练习，而且在客户到达前一天或至少在他们到达之前在会议的实际地点进行演练。我想在房间里走走，感受一下周围环境。当我在房间里走动演练时，我会密切注意桌椅摆放。我注重音响、灯光，尤其是室温。虽然我通常会计划一个万无一失的方法，但事实是，我会提前尽可能多地排练每件事。

提前到达，注意细节，在门口迎接你的客户

我强烈建议在你的销售演示前一个小时左右到场，这样你就可以布置房间，检查设备，整理材料，在公司经理或客户到达之前把你的介绍做一个演练。如果有时间，想喝点什么或吃点什么也可以，但要做好准备，在与会者进入房间那一刻就把全部注意力放在他们身上。作为一名销售经理，我和我的一名销售成员最尴尬的经历之一是，他在自己的销售演示稿会上迟到了，在跟与会者打招呼之前，径直走到茶点桌旁，往嘴里塞了一张馅饼。当你要做销售演示时，千万不要让人看到你嘴里塞着食物或口香糖。

小事可以成就你的销售演示，也可以毁掉它。例如，我曾经参加过一个演示会，销售人员使用液晶显示投影仪来播放幻灯片。主讲人忘了把电源延长线用胶带绑好，于是决策委员会的一名与会者被电线绊了一下。委员会成员没有受伤，但他感到尴尬；这名销售人员没有获得这项业务可能不是巧合。一卷胶带和对细节的关注可能决定了一笔交易的成败。

当客户进入房间时，跟他们打招呼，如果你们之前没见过面，就自我

介绍一下。握手时保持微笑和眼神交流。再次感谢他们在你们之前的谈话中抽出时间与你们交谈，并参加了你们的演讲。这样做会提醒他们，你之前花了时间去了解他们的需求，而你现在的演讲将会解决这些问题。

问题不在于你说什么，而在于你怎么说

你的表达方式与你的销售演示内容一样重要。我劝你不要只看你的销售演示内容，而是想清楚你想说的内容，把你的关键点放在索引卡或幻灯片上。虽然你不必记住整个销售演示内容，但我建议你记住开头和结尾几分钟的内容，包括你的行动呼吁和互动方式。这将增强你的信心，让你看起来像一个更优雅的演讲者，并得到预期结果：你的客户同意遵循你的建议。

你的声音、肢体语言和动作表明了你的自信程度

许多销售人员在演示过程中语速过快，请记住不要害怕放慢速度。当你以舒适的速度讲话时，你的听众会认为你更有权威。你觉得自己说得太慢，但事实上你的语速很可能正好适合你的听众。此外，在你的演示过程中要多次停顿，这样你的客户才有时间消化你说的话，一定要大声说，或者使用麦克风，让房间里的每个人都能听到。

音质不仅仅包括音量和节奏。它还包括发音，指你在谈话中如何清晰地表达字词，以及你如何改变音调。一般来说，如果你能降低你的音调，你会听起来更有权威，你的声音也会更悦耳。虽然你应该尽量用较低的音调说话，但是改变你的音调会抓住听众的注意力。

离开讲台，绕着房间走一走，但不要走得太远，以免前几排的人看到你的背影。把口袋里任何可能会分散你或与会者注意力的东西拿出去。这包括电子设备，如黑莓手机，以及任何可能发出响声的东西，如钥匙。保持双手垂在身体两侧，或者用它们来强调重点。不要双臂交叉，也不要一只手抓着另一只手。在你的销售演示中，在不同的时间点微笑是很重要的，尤其是在开始的时候以及当听众提出一个观点或提出问题的时候，或者在你最后做结论和行动呼吁时。

保持良好的眼神交流

在销售演示中（通常是针对一小群人），你应该能够看到观众席上每一个人。诀窍是要避免雨刷效应。当说话人突然把目光从一个人转移到另一个人时，就会发生这种情况。所以试着与每个人保持大约三秒钟的眼神交流。在销售演示中，你尤其应该与房间里的两个人进行眼神交流：最资深的决策者和你的联系人（尤其是如果你的联系人是你在销售中的“赞助商”）。他经常会通过肢体语言告诉你做得怎么样，以及你是否需要调整演示风格。

与参与者互动

我们的客户调查显示，最成功的销售人员通过提问和鼓励客户分享自己的见解和建议，与听众中的客户进行了大量的互动。一种方法是在演讲每一部分结束后停下来，问问他们是否有任何问题，或者对你所说的内容是否要进行评论或补充。鼓励他们参与的另一种方法是向他们提出有关其目标和需要的问题，以及他们迄今在解决这一问题方面所取得的进展。尽可能多地提及你之前和观众席中某个客户的谈话。

让客户对幽默、逸事和数据保持兴趣

你可以从你的专业经验中编织相关的逸事、案例研究和个人故事，让你的销售演示更有趣。如果你能在演示中注入幽默，就能让听众更喜欢你的演示。不过，要确保你的幽默是恰到好处的。避免提及任何可能让房间里的任何人、他们的公司或你的公司感到不舒服的事情。一般来说，温和地拿自己开涮，或者讲一个琐碎的逸事来证明某个观点是有效的。

例如，我最近在演讲前受到一位客户热情洋溢的介绍。为了表达对他的感谢，我说道："比尔，谢谢你按照我妈妈写的那样做我的介绍。"当我在一个行业协会的演讲上说："请随时用掌声打断我。"并紧接着补充道："提问也可以。"我得到了听众的笑容。

当大多数客户对他们所听到的持怀疑态度，并对决策持谨慎态度时，你必须格外努力地说服那些参加销售演示的人，你的建议或公司产品将有助于实现他们所期望的结果。为了减轻客户疑虑并建立你的信誉，可以引用第三方发布的数据和客户证明，作为说明你的公司是如何帮助客户实现他们的业务目标的成功例子。

应对问题

在销售演示中，你回答问题的方式可以决定你能否赢得业务。你可以通过以下方法来增加成功的机会：

» 通过询问你的联系人可能会提出什么问题来提前预测问题；

» 记下听众问你的所有问题的要点；

» 用你自己的话解释问题的要点；

» 试着简短而具体地回答；

» 与提问者核对，确保你的回答令他们满意。

如果你不知道问题的答案，就说出来。但告诉提问者，你会在调查此事之后回复他们，然后确保一定会跟进。

演示后

在你的销售演示结束时，给每个与会者一个象征性的礼物有时是一个不错的点，特别是如果你能把礼物的主题与他们的公司或你的公司所做的事情联系起来。咖啡杯和 T 恤是备选礼物。如果你用每位参与者的名字个性化定制一件礼物，会提升他们的感知价值。与你的联系人确认，确保即使是一件便宜的物品也没有违反他们公司的政策。演示结束后，一定要与你的联系人和与会者保持联系。尽管电子邮件即刻就能收到，但通过一张手写的感谢卡，对有机会与他们的团队交流表示感谢，会有更好的效果。

关于你的销售报告的最后几句话

做一个有效的销售演示需要做很多工作，过早地做销售演示可能会毁了一次销售，所以要花时间准备和练习。确保你能回答关于公司目标、需求和现状的关键问题，并且在你发言之前知道谁将参与决策以及他们的决策标准是什么。最后，把销售演示看作是同时对许多客户进行的销售拜访。你的目标是获得并保持他们的注意力，这样你就能让他们相信你完全理解他们想要达到的目标，然后提供最好的建议来帮助实现他们的目标。

策略 8

提交销售计划，搞定难以取悦型客户

内容提要是整个销售计划方案中阅读量最多的地方，也是影响客户决策过程中最重要的部分。

——罗恩·沃尔佩集团销售研究报告

如前所述，头两年完成了出色的销售业绩，并被评为“年度销售人员”之后，在第三年之初，我陷入了低谷，迫切地想要达成一笔销售。一个星期一的清晨，我办公室的电话铃响了。来电的是一家《财富》500 强公司的销售副总裁，这家公司位置距离我的办公室不到一英里。他说，在本周末之前他们公司将与一家咨询公司签订一份销售咨询和培训服务的重大合同，在会议最后一分钟，他的一个销售经理提到，我的公司在这些领域拥有专业知识，应该把我的公司添加到该项目的潜在供应商名单中。

我说有兴趣了解更多，并建议我们当天晚些时候或第二天见面。这位副总裁说他要出城几天，他和公司里的其他人都没有时间见我。然而，他主动提出要在电话里告诉我详情，以便我可以提交一份详细的销售计划方案。当我问是否可以见面讨论我的销售计划方案时，他说想让我先将方案寄给他，这样他可以提前审阅一下。我不情愿地答应了他的要求，根据他给我的信息，花了两天时间制订了一份销售计划方案。

但是，无论是副总裁还是他公司其他人都拒绝与我见面，由于当时是这种情况，几天之后，我放弃了我们的提案。令我懊恼的是，尽管我打了很多电话、写了很多信件、发了很多传真，甚至还多次进行拜访，但我从未收到过他或他公司其他任何人的来信。虽然那是30多年前发生的事了，但却成了我销售生涯中最痛苦但最有教育意义的一课。

为什么要写销售计划方案

销售计划方案不应该包含任何会让客户感到惊讶的内容。其目的是确认你和客户已基本达成共识的内容，完善细节，并执行以下操作：

1. 重申你对客户需求和业务目标的理解；
2. 提出你的方案建议，以及它们能带来的效益；
3. 解释你们公司的附加值，并证明客户的投资回报是值得的；
4. 提高你在客户中的信誉，使你的公司在竞争中脱颖而出。

何时该（或不该）写销售计划方案

从那次经历中，我学到的是：如果客户因太忙而不能和你见面，也就是说，客户既无法分享他的需求，也无法讨论你的销售计划方案，那么你也就不要浪费时间去忙着写它。

然而，我看到许多销售人员，尤其是那些在销售量上落后的人，过早地开始写销售计划方案，或者更糟的是，写出不成熟与不合格的销售计划方案来。事实上，无论你离销售目标有多远，你都没有时间浪费在这类“死胡同”里。

销售计划方案就像销售报告书，你可以在写或不写之前就赢得生意。事实上，赢得最多业务的销售人员会在销售周期的最开始就与客户见面，他们能够帮助客户制订方案的需求规范，从而形成征求计划方案书，突出公司的优势。

在开始写销售计划方案之前，你需要了解的内容

为了节省时间、提高效率，在开始写销售计划方案之前，请先了解以下有关销售机会的信息：

» 与你的产品或服务相关的客户需求和业务目标；

» 客户的预算；

» 有哪些其他公司正在竞争这项业务（以及他们被邀请参与竞争的真正原因）；

» 客户的决策标准；

» 谁将参与决策，在决策过程中所采取的步骤是什么；

» 客户什么时候做决定？

» 客户将如何衡量你的产品或服务的有效性。

而且，因为它涉及实际销售计划方案，你还需要知道：

» 客户公司希望销售计划中包括哪些信息？

» 客户公司是否已制订了正式的需求方案说明书，或首选方案格式。

销售计划方案的九大部分

如果我的客户没有销售计划方案格式，根据我与他的讨论，我通常会

在我的销售计划方案中包括以下部分：

1. 封面页

首页会给人留下第一印象，所以要确保它传达了以下信息，而且是以专业和吸引人的方式。

» 销售计划方案标题。一个有效的销售计划方案标题传达了你所提议的效益。例如，我的公司最近为一个销售咨询项目提交了一份销售计划方案，题目是“一份为 ABC 公司进行销售分析以增加收入的销售计划方案”。

» 销售计划方案日期。这是你给客户建议的日期，而不是你编写的日期。你的销售计划方案日期为你的客户设定了一个“开始时间”，让他们审查并回复你的销售计划方案。

» 客户公司和每个收件人的姓名。反复检查客户姓名、职位职称、公司名称和地址的信息是否有误。

» 公司名称和联系方式。如果有的话，写上一个候补联系人，以便你不方便的时候联系。

如果你的销售计划方案包含专有或机密信息，你可以在封面页使用以下语句进行声明：“这份方案中的信息是保密和专有的，未经【你的公司名称】的书面许可，不得以任何形式或格式与【客户公司】以外的任何人共享。”

问：销售计划方案封面上最常见的错误是什么？

答：打字错误，客户姓名的拼写错误。

2. 目录

目录列出了你的销售计划方案的每个部分，包括页码。有些客户会从头到尾阅读你的方案，而有些客户则会先阅读他们最感兴趣的部分，比如内容提要和投资计划。

问：目录中最常见的错误是什么？

答：页码不正确。

3. 内容提要

内容提要是对方案的概述，包括客户需求、选择、提案的效益以及客户可以预期的结果。费用和价格不包括在内容摘要中。根据罗恩•沃尔佩集团 2010 年销售研究，许多 C 级管理人员会首先阅读内容提要。

内容提要还应突出公司的优势，描述出与竞争对手的不同之处，提供更大的附加价值，可以在整个文档中反复强调并传达一个关于公司的主题。

问：销售计划内容提要中最常见的错误是什么？

答：篇幅太长，而且包含了太多供应商的吹嘘。

4. 与项目相关的客户需求和目标

销售计划方案的这一部分定义了客户的具体问题、机会和目标，而销售计划方案中要解决这些问题。将提案中阐明的工作范围与客户的需求、机会和目标相匹配是至关重要的。

问：销售计划方案中客户需求评估中最常见的错误是什么？

答：不够具体，不能准确界定工作范围。

5. 公司概况、业务重点以及过去与销售计划方案目标相关的工作

本节简要介绍公司目前的市场定位、重点和目标。在这一节中包括公司过去所采取的与销售计划方案中所定义的目标相关的关键行动。这些行动是否达到了预期的效果？如果达到了，达到了何种程度？本节的目的是

使你的销售计划方案与前面的工作和提案保持一致，因此尽可能积极地介绍公司过去的计划和结果是很重要的。

问：销售计划方案的公司概况部分最常见的错误是什么？

答：苛刻的批判，公然吹捧过去的努力，或者过于笼统的陈述。

6. 提案和效益

你的销售计划方案是对你或你的公司为满足客户的明确需求、机会和目标而计划进行的工作范围的描述。如果客户公司接受你的提案并遵循你的提案，那么你所承诺的效益就是公司将获得的结果。

问：销售提案和效益部分最常见的错误是什么？

答：提案模糊、不具体，过度承诺效益。

7. 投资计划

销售计划方案中的投资计划部分列出了项目每个部分或将提供的产品、服务的费用。它还包括付款条件和其他澄清信息，比如额外费用、项目改进及终止方式等。

问：销售计划方案中投资计划部分最常见的错误是什么？

答：低估或忽略成本，忽略投资回报分析。

8. 时间框架

销售计划方案中的这一部分将所有关键事件或完成成果按照时间线列出，这样客户就能对预期成果及完成时间有所了解。此外，时间框架包括你期望和要求客户做什么来促进项目。

问：销售计划方案中的时间框架部分最常见的错误是什么？

答：没有考虑客户、供应商、天气、所需材料的可用性或其他可能影响项目完成的因素，也没有列出你期望客户能提供什么帮助以及什么时候提供。

9. 附录

销售计划方案中的附录部分具有多种功能，包括：

» 更详细地描述其他任何部分；

» 详细说明你对问题的了解；

» 对项目的预期投资回报提出更详细的探讨；

» 项目负责人和团队的简历；

» 贵公司的信息，包括样本客户等；

» 参考资料。

提高销售计划方案可读性的方法

销售计划方案反映了你的身份，以及你们公司的立场，所以要让方案看起来有吸引力且很专业。尽管许多公司要求提供销售计划方案电子版，但纸质版可能更具影响力。最好的销售提案应当简洁明了、适用于客户需求并易于阅读。以下是一些能够让你的方案脱颖而出并被接受的技巧：

» 使用短句、项目符号和常用词来提高销售计划的可读性；

» 使用公司标识在定制的销售计划方案中；

» 使用客户的专业术语（而不是你们公司的行话）来表明你了解他们的业务和企业文化；

» 使用易于阅读的 12 号字体，如 Times New Roman、Arial 或 Courier，保持格式简单；

» 使用 1 英寸的页边距，如果可以的话，使用双倍行距；

» 在适当的时候用彩色打印；

» 尽量少使用粗体、斜体和其他字体样式；

» 恰当的时候使用图表来说明数据；

» 校对或让同事校对你的销售计划方案至少两次；

» 用新墨盒在高质量的纸上打印你的销售计划方案；

» 使用螺旋环装或维乐条来装订销售计划方案，使用透明的塑料封面和硬卡纸封底。

在销售计划方案中显示出你们公司的与众不同

使我的公司与众不同并赢得业务的方法之一是，在销售计划方案中加入一个视频链接。例如，我们在最近一份为一家全球饮料公司设计薪酬计划的销售计划方案中，加入了一个链接，其中有一段视频是我制作的，内容是关于我们公司的销售及其他人员的薪酬计划理念。让你的公司与众不同的另一个方法就是在每个团队成员的简历旁边附上他们的照片。

向谨慎客户展示你的销售计划方案时要做的 13 件事

销售人员犯的最大错误之一是喜欢邮寄方案，而不是当面提交。他们犯的另一个错误是仅把方案交给客户，而不是让客户先浏览一遍，然后激发进一步讨论。这里有更多方法来缩短销售周期，增加你的提案被接受的机会。

1. 在正式提交销售计划方案之前，如果可能的话，非正式地请客户预览一下，以确保客户对你的提案感到满意。

2. 当正式提出你的方案时，要求所有的决策者都参加会议。

3. 虽然你将主导这次会议，但请鼓励客户参与讨论。

4. 重申方案的背景和目标。

5. 告诉与会者，你的方案是用来激发进一步的思考和讨论，因此，将会根据他们的意见进行修改。

6. 你可以说："如果你同意，我想用下面的程序来审查我的提案。我突出了关键部分，希望你们阅读这些部分，提出问题，并分享你们的想法。"

7. 继续总结他们的需求并提出你的方案。

8. 分发销售计划方案，并要求他们阅读内容摘要。询问他们是否有什么问题或需要纠正的地方。

9. 回顾并要求他们阅读目标部分。询问是否有什么问题或意见。为了促进互动，在提案的不同部分留几处空白，这样与会者就可以把他们的想法添加到你所写的内容中。他们会更有投入感，你也会从他们那里得到更好的认同。

10. 再回到你的方案部分。首先，总结你的方案。接下来，让他们阅读你方案的关键部分，然后询问他们的建议。

11. 对将用于实施计划或产品的流程发表意见，将他们的注意力引导到对应的页面。

12. 总结有关费用的部分，让他们阅读对应的内容，询问和回答客户提出的每一个问题。重申他们将获得的价值和他们能够预期的投资回报。

13. 在结束会议之前，问一下是否还有其他问题。然后询问他们对你的销售计划方案的整体反应。

完善的销售计划方案是达成交易的第一步

你已经做好功课，并且决定是时候写一份方案了。要确保涵盖了构成一个成功销售计划方案的九个要素，并仔细检查了它的准确性、整洁性和清晰性。你甚至练习了在面对面的演示中回答你预料到的客户提出的异议。

如果他们对你的提议的反应是积极的，则进入下一步，或者问他们下一步要做什么来完成交易。当你回到办公室，给他们发一份后续的感谢信，以感谢他们的参与，重申你和他们达成的协议，加强你想和他们做生意的想法，让他们知道你有信心达到并超过他们对项目的期望。

策略 9

争取客户推荐，建立属于自己的人脉圈

如果你直接联系陌生的潜在顾客，那么你能与其交谈的概率只有 2%；如果你有一个引荐人，概率会上升到 20%；但是如果你有引荐人的介绍，概率会上升到 60%。

——罗恩·沃尔佩集团销售研究报告

我在一家《财富》500 强公司负责销售时，艾米是我手下最有才华的销售主管之一。在我所管理的众多销售人员中，她的成交率是我们团队中最高的。她在公司工作第二年，就凭借出色的成交能力成为我的顶尖业务员。但矛盾的是，这也导致她濒临崩溃！由于她的成交率如此之高，她花在寻找新业务上的时间比同龄人要少，所以大多数月份她的潜在客户数量都是最低的。

到了第三年第一季度，她猛然被激醒。几乎所有客户，包括她预测的那些极有可能成交的客户，都从她的客户资源中消失了，整个季度她只成交了一小部分业务。这导致她从第一名变成了最差的，在接下来的一个季度，她陷入了低谷。

值得赞扬的是，她认识到自己的问题不在于销售技巧，而在于她过于自信，过于依赖少数客户。在经历了现实冲击后，她怀抱希望孜孜不倦地扩充自己的客户资源，到最后一个季度，她的成交率远远超出了期望，重回顶尖业务员之列。

销售人员陷入低迷的原因之一是他们花在新业务上的时间太少。另一个相关的原因是他们没有新的业务发展计划。

新业务可以通过以下六个渠道发展：

1. 客户推荐；

2. 非客户推荐；

3. 有计划的社交；

4. 即兴的社交；

5. 第三方的推荐；

6. 通过信件、电子邮件和电话寻找潜在客户。

客户推荐

除了向现有客户交叉销售产品外，销售人员在不景气时重回正轨的最好方法之一就是向现有客户寻求推荐。然而，对业务需求最迫切的销售人员，即处于低谷的销售人员，往往很少这样做。而对业务需求不再迫切的销售人员，即那些已经超额完成任务的销售人员，经常会这样做。

要获得现有客户推荐，请确保你已经满足了他们的期望，并让他们知道你很感谢他们给予的业务。向客户表达你对他们业务的感激之情的最好方法就是把你承诺的产品或服务做好。第二种方法是不断地与客户沟通，让他们充分了解你在做什么，以及在项目的每个阶段为什么要这样做。第三种表达你对客户业务的感激之情的方式是为他们做一些“特别的”事情。

这可以包括：

» 向他们介绍业务；

» 带他们去看球赛或演出；

» 邀请他们参加公司的活动，如打高尔夫、郊游或野餐；

» 给他们一些有用的信息；

» 送给他们一本书或一篇文章；

» 送他们一张生日卡；

» 祝贺他们取得了一些个人或商业成就。

什么时候以及如何要求客户提供推荐

一般来说，如果你不确定什么时候该向客户寻求推荐，答案是“现在”。更具体地说，当客户表示对你为他们所做的事情感到满意时，问问他们。除了不愿被拒绝之外，销售人员有时不愿意要求引荐的原因之一是他们不知道该说什么。以下是我发现的最适合我的方法。请按照自己适用的方式随意调整：

“约翰，我非常喜欢我们之间的关系，喜欢和你以及你的同事们一起工作。就像你们公司的销售人员一样，我的业务也因为像你这样的好人的推荐而增长。你能推荐一两个你认识的也在寻求加速业务增长的首席执行官或销售主管吗？我的公司也许能帮上忙。”

如果你的客户爽快地给了你一个名字和电话号码，感谢他，但不要就此打住。陌生电话只给你 2% 的机会与潜在客户取得联系。有一个引荐人会把你的机会提高到 20%，但是得到一个引荐人的介绍会把你的机会提高到 60%。所以，在得到一个名字之后，问问你的客户是否介意介绍你。

非客户推荐

几年前，我偶然发现了另一种促成推荐的方法。我冷不防上门拜访了一家大型酒店的销售主管，我们建立了良好关系，进行了愉快交谈，但他拒绝了我进一步交谈，因为他最近聘请了我的一个竞争对手进行一个销售咨询项目。当我正要走出他的办公室时，他叫住我，写下了另一家酒店销售主管的名字和电话号码，这家酒店服务的细分市场与他的公司不同，他说我可以以他的名义给他打个电话。我这样做了，令我惊讶的是，他的引荐让我获得了一笔可观的生意，并与那家酒店建立了 10 年的业务关系。在那之后，我甚至开始询问那些拒绝我的人是否可以建议我联系其他人。大多数人说“不”，但也有几个人给了我一些联系方式，让我找到了生意。

有计划的和即兴的社交

优秀的销售人员比他们的同行参加更多的社交活动和社交工作。不幸的是，越来越多的销售人员不参加社交，因为这是防止自己陷入衰退并摆脱困境的最好方法之一。社交有两种类型：有计划的和即兴的。

有计划的社交包括参加计划好的会议或活动，而即兴的社交则是偶然结识一些人。你可以加入三种类型的社交团体：

1. 专门或主要致力于建立社交的业务组，以便成员可以扩展业务；

2. 不是专门致力于社交的商业团体，而只是将社交作为其使命的一部分。

3. 与业务无关的组织，但仍然可以帮助你获得推荐和发展业务。

制订社交策略

顶尖销售人员参加社交活动的次数是他们的同事的三倍。但除了更频繁地参加，他们还有社交策略和社交计划。他们浏览商业媒体，寻找社交活动，把这些会议提前几周甚至几个月就列入日程表。他们通常会在一周内参加两到三次社交活动，而那些业务不景气的销售人员通常什么也不参加。

他们加入当地致力于社交的商业团体，认真参与他们的会议。正如前面提到的，他们也加入了其他组织（文化、市政、兴趣、慈善、宗教和教育），虽然这些组织不是专门致力于社交，但是在那里他们可以认识人。

例如，当我和妻子搬进纽约州的新家时，我的一些最好的商业伙伴关系就是通过这家新来者俱乐部建立起来的。

我决定加入某个组织的方法之一是询问我的客户他们属于哪个组织。因为我最好的客户是公司的首席执行官，所以在我成立公司后不久，我加入了青年总裁俱乐部和CEO俱乐部；因为我喜欢骑自行车，所以我加入了当地自行车俱乐部；因为我经常做公开演讲，所以我加入了国际演讲协会和全国演讲者协会的一个分会。

除了计划与哪些团体合作外，顶级销售人员还计划在活动中与哪些人见面。许多组织会在活动之前提供与会者名单，而其他组织会在活动中提供与会者名单。无论哪种情况，都要在走进会议室之前，先浏览一下名单，决定你想和谁交谈。如果你提前到达，却没有出席者名单，通常你可以浏览一下按字母顺序排列在接待桌上的名签，看看谁将出席这次活动。

在社交活动中该做什么，不该做什么

加入正确团体很重要，但当你参加团体活动时，做正确的事情也同样重要。有时候，我激励自己在社交团体中尽可能多地结识朋友的方法之一，就是和同事进行一场友好竞争，看谁能收集到更多的名片。如果我一个人在那里，我会给自己一个目标，就是试着获得比以前更多的推荐。需要注意的是，比赛的目的是建立关系，而不是收集名片。

虽然巩固与熟人的关系很重要，但参加社交活动的首要目标是结识新朋友。所以，不要把太多时间花在那些你已经认识的人身上，而要把大部分时间花在结识新朋友上。

我发现认识新朋友最简单的方法就是看到一个没有和别人说话的人，微笑地走过去，伸出手，然后自我介绍。然后跟他聊聊下列问题：

» 他是如何参与这次活动；

» 他是不是这个组织的成员；

» 他的职业以及他是如何进入这个行业的；

» 他属于哪个组织，为什么加入那个组织；

» 他希望遇见谁。

你也可以称赞对方穿的衣服，比如男士的领带或女士的胸针。记住：比你所说的更重要的是，给人乐观和热情的印象。

如果你能说一些与聚会相关或其他的很有品位的幽默话语，你就能更快地建立人际关系。在和别人讨论生意之前，试着找到一个共同联系：最喜欢的团队、爱好、对方生活的地方、长大的地方，或者上过的大学等等。社交对话有点像销售拜访，你的目标是在开始谈论你自己之前让别人先说话，尤其是分享一些他个人的信息。有一句你能说的最合适的话就是：“我愿意帮助你，你希望在这次活动上和谁见面？”

练习30秒的“电梯谈话”，直到你能舒服地交流你所做事情的好处（也就是说，你帮助人们解决了什么问题，或者你帮助他们利用了什么机会）。例如，作为一名销售顾问，当被问到这个问题时，我经常说："我帮助公司增加销售，并通过向高管和销售人员提供信息、想法、策略和培训来提高销售队伍的效率。"

即使你认为参加活动的人对你的生意有很好的预期帮助，也不要试图向他推销任何东西。相反，在和他交谈之后，建议你们晚些时候聚在一起，交换名片。男士应该把名片放在上衣口袋里，女士也应该放在同样方便的地方。一些销售人员会在收到的个人名片上写下几个关键词，以便在回到办公室时提醒自己遇到的这个人。这是一个值得练习的方法。试着把和每个人的谈话时间限制在5~7分钟，这样你就能遇见尽可能多的人。

如果谈话进行得很顺利，你可以主动提出帮助他认识其他人，并问问他房间里是否还有其他人可以介绍给你。

如何轻松地结束对话

许多人觉得和刚认识的人中断谈话很尴尬。我曾见过一些人在社交活动中突然说"对不起"，然后走开，这冒犯了刚刚和他们聊得很开心的人。

以我的经验，更好的方式是这样说："我很高兴和你聊天，乔，但我确定你也想认识其他人，所以我不能占用你的时间。我过几天给你打电话，看我们能不能边喝咖啡边聊，看看我们能不能互相帮助。"

即兴的社交

我刚才描述的社交是预先计划好的社交，但是即兴社交也同样有价值。我管理的一个销售人员通过采用我所说的"三尺策略"使自己走出低谷，成为年度销售人员。如果情况允许的话，他会和3英尺（1英尺约为0.3米）

以内的任何体面人攀谈。他在飞机上、火车上，甚至电梯上与人攀谈。他与所有的朋友、邻居、亲戚，以及他从他所从事的行业中收买的人交谈，并请他们为其做推荐。他付出了许多，但也得到不少。

我自己的即兴社交经验或许更能说明问题。在我创办公司的那一年，我只有非常少的客户资源，我对我的下一个客户将来自哪里充满了恐惧。那年夏天，我和妻子租了一间海滨别墅度假。一天早晨，我站在海边，看着我的两个年幼的孩子做馅饼，这时我注意到旁边站着另一个男人，他正看着他年幼的儿子在水里玩耍。我和他聊了起来，得知他是一家著名投资银行公司的创始人兼执行总裁，曾在 50 多家不同公司担任财务职位。我度假回来不久，就给这位总裁打了电话，准备去他的办公室见他。他向我介绍了他们刚刚入股的一家大型纸业公司的总裁。那次介绍创造了一个我们公司大项目的顶峰，我与这位总裁建立了长期的关系，在此期间，我们与他的投资公司所参与投资的 12 家不同的公司有了合作。所有这些都是因为我练习了 3 英尺规则。

第三方的推荐

在考虑你应该加入的组织和你应该参加的活动时，请记住，你可以与第三方（也称为中介人）建立关系，他们可以把你介绍给客户，即使他们自己可能永远不会使用你的产品或服务。例如，银行家可以推荐律师和会计师；财务规划师可以推荐保险经纪人、会计师和律师；房地产经纪人可以推荐木工、管道、电力、抵押贷款、保险等行业的专业人士。

除了比同事参加更多的组织之外，顶尖的销售人员在他们所属的组织中更活跃。通过担任全国演讲协会一个分会的主席，作为酒店销售营销协会的董事会成员，韦斯切斯特郡协会董事会提名委员会成员，我提高了自己的知名度，认识了一些很棒的人，并得到了引荐，促成了几笔生意。

通过信件寻找客户

虽然从客户那里或通过社交获得推荐是摆脱低迷或提升销售水平的最佳方式，但在大多数情况下，单凭这些推荐并不能填补你的新业务渠道，因此你还必须通过寻找新客户来获得潜在客户。你只能通过非常小的概率来寻找新客户，愿意与你见面的概率更小，但是你应该坚持下去。有一个方法可以增加你成功拜访的机会，那就是先发一封邮件，然后再拜访。虽然电子邮件比普通邮件更快、更简单、更便宜，因为现在使用普通邮件的人更少了，所以普通邮件脱颖而出，导致它更容易被阅读——尤其是如果你为收件人定制信件，并证明你对他们的公司有所了解的话。

如果你的预算允许，可以通过 UPS、联邦快递或航空邮寄，因为这样更容易被注意和阅读。第二天或者第三天送达更便宜，而且效果和夜间送达一样好。我建议你在接下来的一周内尽可能多地寄出信件。如果你在周四或周五寄出你的信件，你的潜在客户很可能在接下来的一周中收到你的信件，这通常是打后续电话的最佳时间。

通过电话寻找客户

无论你是从引荐人那里得知他们的名字，还是自己从哪里获得了线索，发展新业务的一个重要步骤就是给别人打电话，约定一个见面时间。我建议你尽可能多地在早上8点之前，下午五点半以后或者在午餐时间打电话，这些时间秘书不太可能在场。虽然避免了人工阻拦后可能会面对语音答录，但如果主管在她的办公室，她很可能亲自拿起电话。因为你不可能所有的电话都在秘书不在的时候打，所以如果你打电话给一位高级管理人员，电话很可能会偶尔被秘书接听。这里的诀窍不是试图躲过秘书，而是寻求他们的帮助。这意味着你要向他们解释你想做什么，并询问他们关于你要如何与你要联系的人取得联系的建议。在你这么做之前，给他们一个简短而有说服力的理由，说明为什么他们的老板会从与你的交谈中受益。

因为现在大多数客户都没有时间，所以你需要在20秒或更少的时间内抓住决策者的注意力。尽管事实是许多潜在客户不会接你的电话，或者不愿意见到你，我找到了适合我的让他们同意见面的以下方式（当然，我基于给谁打电话以及他们如何回应来修改我的方法）：

“早上好，琼斯先生。我是罗恩•沃尔佩集团的执行合伙人，我叫罗恩•沃尔佩，我最近给你写了一封信。你有时间谈谈吗？我们是一家拥有25年历史的管理咨询公司，已经帮助87家《财富》500强企业和300家其他大型企业实现了可观的销售增长。贵公司是成功的，但我想问一下，你对目前的销售状况是否满意？”

“根据我们在该行业其他公司的经验和我的研究，我有几个想法也许可以帮助贵公司取得成功。我想用30分钟的时间向你简要介绍一下我们对像你们这样成功的公司如何提高销售（降低销售成本）的看法，并看看我们是否能帮助你们加快业务增长。你下星期几或这星期几有空喝杯咖啡吗？”

在低迷市场中，建立人脉比以往任何时候都重要

注意，在前面的例子中，我选择不询问主管是否收到了我的信。这是因为很有可能他不记得了，他可能会让我重新发一遍。然而，如果我问他是否收到了，他说：“没有。你能重寄吗？”与其这样做（并延长销售周期），我宁愿说：“让我告诉你它说了什么。”并用一句话总结它。无论你是通过（计划好的或即兴的）社交还是陌生拜访来做这件事，不断地充实你的客户资源，专注于新的业务发展，都是摆脱衰退的最好方法，而且要从一开始就防止自己陷入衰退。

策略 10

培养销售习惯，吸引谨慎型客户的关注

那些态度更积极的销售人员，能面对面约访客户的次数比同行高出20%，而且更容易实现销售目标。

——罗恩·沃尔佩集团销售研究报告

积极态度可以克服逆境，同样的原则也适用于销售人员去努力达到他们的销售目标。

消极的态度会影响你的销售

如果销售未能达到预期目标，销售人员的态度自然会变差。当销售业绩下滑时，即使是努力工作的销售代表也会对自己失望，对公司产品或服务失去信心。如果不加以控制，他们在“沉迷思考”中因消极态度导致销售活动的数量和质量下降，进而对销售结果产生负面影响。销售业绩下降、收入低于目标的销售人员，需要先恢复对自己销售能力的积极态度，然后才能期望对客户有正确态度。

销售态度逐渐低落的一个迹象是越来越多的人不愿意打电话。那些处境艰难的悲观销售人员倾向于少打一些电话去预约，少进行一些面对面的销售拜访。此外，在销售拜访中，那些销售额落后的销售人员比他们的同行少问 40% 的问题。因此，他们实现既定销售拜访目标的概率比业绩优异的同行低 30%。此外，他们消极的自言自语经常干扰他们的倾听能力，他们经常错过来自客户的重要信息。

帮助改善低迷的销售态度的 12 种方法

如果你没有达到你的销售目标，你可能会感到沮丧。下面的技巧和策略可以帮助你改善低迷的销售态度。

1. 拨打更多的电话，进行更好的销售拜访

我们对销售活动的调查表明，当优秀的销售人员对他们的销售业绩不满意时，他们不会放弃，不会责怪经济形势，也不会责怪他们的竞争对手。就像在衰退中努力上进的职业棒球运动员一样，他们回到正轨，加倍努力，以摆脱低迷。他们确保，不管他们感觉如何，他们的客户拜访数达到了或超过了目标，并且这些拜访推动了销售。这里的重点是：不要计算销售额，计算客户拜访数，你的销售态度（和实际销售情况）会比你预期的要改善很多。

2. 通过冥想来放松

冥想是帮助你平静下来，建立积极自我感觉的好方法。根据我们的研究结果，常常冥想的销售人员经历的情感混乱较少，而且他们能更快地从低落情绪中恢复过来。我曾管理过的最成功的销售人员（一个总是在团队中赚钱最多、最受客户尊敬的人），会每天早晨冥想 30 分钟。通过冥想

有了清晰的头脑，毫不意外，他拥有乐观态度，并且他是一个很好的倾听者，很容易与客户建立信任关系。不管怎么样，有几项科学研究表明，即使你每隔一天冥想仅仅 10 分钟，你也会感觉更好，并且做得更好。

虽然有很多关于冥想的书籍和方法，但冥想的本质就是安静地坐着，或者盘腿坐着，或者坐在舒适的椅子上，保持姿势端正，在吸气和呼气的时候专注于你的呼吸。有些人冥想时呼气大约是吸气的两倍，但这不是必要的。如果你走神了，慢慢地把思绪拉回到呼吸上。有些人发现想出一个触发词是很有用的，比如“放松”或“冷静”，来帮助他们在冥想时放松。

3. 想象渴望的结果

想象是销售人员改善销售态度的另一种方式。这意味着安静地坐着，通过大量的细节在脑海中描绘出一个想要得到的结果。例如，我喜欢想象自己走进一位潜在客户的办公室，与他进行双方都开心的友好的“销售谈话”。想象是一种很容易与冥想结合的放松技巧。

4. 通过瑜伽放松身心

就像我认识的许多其他成功的销售人员一样，瑜伽练习是我最喜欢的放松肌肉、减轻压力、调整自己处于合适的心态去进行销售拜访的方式。瑜伽的受欢迎程度在持续增长，因为有很多机会把它融入你的日常销售活动中。不管有没有电视节目、音频或视频节目，你可以自己做瑜伽，也可以参加社区提供的瑜伽课程。

5. 参加有趣的体育活动

我所辅导的一家大型保险公司的销售主管，在进入今年第三季度时，销售业绩远低于她的目标。她又生气又沮丧，经常责备自己。我的建议是，除了其他事情，她还需要一个发泄自己挫折感的出口。因为她的一个朋友是自行车爱好者，她决定买一辆自行车，加入一个自行车俱乐部。她从一个久坐不动的人变成了一个每周骑行 100 英里的人。更令人印象深刻的是，她的销售目标完成率从 70% 提高到了 120%，并获得了加入公司总裁俱乐部的资格（他们每年都会去五星级度假酒店为销售明星举行表彰活动）。事实上，她用一部分额外的奖金买了一辆新的赛车。虽然她对自行车的兴趣并不是她惊人的转变的唯一原因，但骑车帮助她放松，改善她的态度，并且提高了她的销售业绩。

如果你没有喜欢的体育运动，可以考虑骑自行车、慢跑、游泳、远足、网球、足球或其他任何运动或活动。科学证明，30 分钟或更长时间的剧烈运动能让身体释放一种名为多巴胺的化学物质，这种物质能让人感觉更好。

6. 和乐观的同事待在一起

正如你积极的销售态度能与客户建立融洽的关系一样，你也可以“避开消极的人，与积极追求销售和职业目标的同事相处，从而避免悲观情绪的蔓延”。因为我们大多数人与乐观主义者和悲观主义者都有关系（你可以选择你的朋友，但不能选择你的家人），有意识地花尽可能多的时间与那些你认识的以乐观态度来实现目标的人在一起。

7. 听一些励志节目，看一些励志故事

我们在调查中发现，优秀的销售人员比业绩较差的同事会花更多的时间去听励志演讲，阅读励志书籍。他们是那种一边努力增长销售拜访数量，

一边给大脑灌输正能量的人。例如，我们交谈过的一些销售人员喜欢阅读戴尔·卡耐基、拿破仑·希尔、诺曼·文森特·皮尔、M. 斯科特·派克和埃克哈特·托尔的励志书籍。

8. 享受一些短暂而愉快的休息时间和假期

销售人员也可以通过在工作日中短暂休息来减轻他们的压力，让自己有一个更积极的心情。一些成功的销售人员会给自己一些休息时间来奖励自己的某些必要活动。例如，我认识的一位销售人员在给潜在客户进行到 10 次销售拜访时，会给自己买一杯卡布奇诺。另一个在完成客户的要求后出去喝了一杯酸奶。正如一位顶级业务员所说，我总是记得工作时要玩，玩的时候也要工作。尽管排名前 10% 的销售人员工作时间比他们的同事更长，但他们也会给自己休更多的假。

9. 帮助他人成功

我认识的一位年轻女士在担任公司的首席销售人员几年之后，陷入了严重的恐慌和销售业绩滑坡的困境。她和她的经理都无法找出她表现不佳的原因，她所做的一切似乎都对改善她的消极态度毫无作用。一天，她接到一个志愿者的电话，请求她为她所在城镇的联合之路（the United Way）运动捐款。由于某种原因，这个电话引起了她的共鸣，所以她决定加入联合之路当地分会的董事会，帮助筹集资金。她给潜在的捐赠者和公司打电话请求捐款，结果发生了两件事。首先，她从恐惧中走出来，成了她所在社区中联合之路的首席志愿者筹款人。其次，她认为，由于她的整体风貌有所改善，她代表公司跟另一位联合志愿者做了一笔大买卖，这位志愿者碰巧也是一家成功的私营公司的首席执行官。

10. 写成功日记

因为销售人员业务落后，销售态度的下降趋势似乎势不可当。减轻负面情绪影响的一个方法是，每天花几分钟在“成功日志”上写下你做得对的、自豪的或感激的事情。包括所有的日常成就，即使它们不是什么了不起的事情，又抑或是与工作无关的一些事情。你会发现，即使你现在对你的销售数字感到失望，你很快就会感到你的态度有了改变，你会以一种更乐观的态度来实现你的销售目标。

11. 把你的烦恼藏起来

当我向一位年长的朋友咨询，他长达 70 年的销售生涯秘诀是什么的时候，他回答说：“我没有把家里的问题带到工作中，也没有把工作中的问题带回家。尽管每个人在工作和家庭中都有自己的烦恼，与我共事过的几位顶级销售人员把我朋友的策略扩展到了另一种方法上，以消除他们的担忧。他们每天指定一个特定的时间作为忧虑时间。在这短短的五分钟里，他们允许自己去思考他们所担心的可能发生在工作中和工作之外的所有事情。但是如果他们在另一个时间开始担心，他们会说‘现在还不是担心的时候’！”

12. 总是正面看待自己

另一种改善低迷销售态度的方法是，用积极的自言自语来抵消任何会削弱你信心和动力的消极内心独白。例如，如果你失去了一笔销售给竞争对手，你可能会对自己说：坏消息，是我失去了那笔销售，但我知道我是一个优秀的销售好产品的销售人员，我有很多成功的机会。从经验中学习，然后继续前进。下次我会做得更好。

积极心态的力量：促进行动

当你每天同时通过冥想、瑜伽或想象练习、阅读或倾听励志的话语，以及其他方法去提升积极销售态度时，它们的力量和益处会最大。即使在你没有心情的时候，也要严于律己去参加那些活动，这样你的心情就会得到提升，而在这个过程中，你的销售额也会提高。

第二部分

销售团队：如何帮助销售员抓住谨慎型客户

Up Your Sales in a Down Market

策略 11

明确销售理念，打造销售团队

能够提供卓越客户服务的销售人员，也能够吸引并留住更多的客户，尤其是在市场低迷且客户谨慎消费的情况下。

——罗恩·沃尔佩集团销售研究报告

不久前，我去芝加哥的一家酒店为一位新客户做主题演讲。当我走到那里的时候，我注意到我左边袖口的纽扣坏了，袖子卡在我的西装外套里。当时，我碰巧路过诺德斯特龙百货公司，便立马进去看能不能买到一件新的白衬衫。当我走进男装部时，一个穿着考究的年轻售货员向我打招呼，问道："我能为你做些什么？"

我忙说我急着去演讲，快要迟到了，需要一件和我现在穿的一样的新衬衫。他询问了我的尺寸后，把我带到一张椅子前，说："别担心。请坐，我马上就回来。"几分钟后，售货员拿着一件新的白衬衫回来了。然后，他拉着我的胳膊把我送到男更衣室，并在外面等着我换完衣服。我想如果我让他帮我扣上扣子的话，他会那样做的！然后他陪我到柜台去给衬衫买单。就在那时，他说了一句我永远不会忘记的话："你想让我们把你的另一件衬衫缝好寄给你吗？"

"但我不是在这里买的，也不是你们店的。"我喘着气说，他说没关系。

我给了他我的名片并向他表示感谢后，我就去演讲的地方了。几天后，当我回到办公室时，我注意到桌子上有一个包裹。我打开包裹后发现了我的旧衬衫，正如他说的那样，袖子上有一枚新纽扣，并已清洗熨平。包裹里还有一张来自那个销售人员的便条，他说很高兴为我服务，希望我的演讲进行得很顺利。说说一起工作的乐趣吧！

为客户提供增值服务的销售人员的收入会增加

大多数销售专家都认为，销售人员在销售之外思考和行动，把客户服务添加到他们为客户提供的好处中，会赚到更多的钱。但是对于销售人员、销售经理和使用客户服务方法进行销售的公司来说，还有其他的附加收益，包括：

» 客户的满意度；

» 更多的回头客；

» 客户的“买进”意愿；

» 更多的客户推荐；

» 更高的客户忠诚度和更低的客户流失率；

» 更高的交叉销售比率；

» 客户投诉减少；

» 缩短了销售周期；

» 增加市场份额；

» 积极性更高的销售人员和更低的人员流失率；

» 更好的公司形象，有更多的候选人可选择。

虽然出色的客户服务声誉可以帮助公司随时吸引并留住客户（和销售人员），但当市场低迷、客户对花费他们来之不易的钱更加谨慎，且从购买你公司的产品或服务中需要获得更多价值时，这种声誉的作用可能尤其强大。

销售人员的 3R 客户服务导向

销售经理需要确保他们的销售人员理解客户服务的含义：销售人员和公司满足并超过客户期望的程度。为了满足并超越客户的期望，我建议销售人员能够展示我所说的 3R 能力：回应度（responsiveness）、尊重度（respect）和可靠度（reliability）。

回应度是指销售人员根据顾客的期望提供产品或服务速度。下面是一个未能满足客户对回应度期望的例子。一家地方银行发起了一场耗资数百万美元的“让你的住房贷款更快获得批准”（Get Your Home Loan Approved Faster）的广告宣传活动，但却遇到了一个大问题。广告宣传活动显示，友好的银行家（也称为销售人员）开出大额支票后，快乐的客户从银行中走了出来，这一宣传活动成功地吸引了更多客户来到分行，但银行未能聘用足够的员工来满足客户的期望。贷款的处理时间比广告承诺的要长得多，这导致客户感到失望，其中许多人最终带着他们的钱离开了银行。

尊重度是销售人员表示他们关心客户的程度。他们通过言行表现出尊重，当然，行为才是更重要的。与客户互动最多的销售人员可以很容易地通过及时回电和注意客户的时间来表示对他们的尊重。

可靠度是销售人员向客户推荐正确的产品或服务，并确保以正确的方式实施或安装的程度。例如，如果一家电话公司的代表向一家小型企业推荐最好的电话系统，但该系统没有正确安装，而且其中一些功能无法工作，那么该代表在可靠度方面的得分将很低。同样，如果一家豪华酒店的代表建议在公司的年会上布置一个漂亮的宴会厅，但早餐供应时间晚了，那么该代表的可靠度也会较低。

销售人员在销售前超越顾客期望的九种方式

1. 在销售拜访开始时，给客户一张写着你的会议议程的清单。

2. 询问客户他们为你的销售拜访安排了多长时间，并在时间截止前五分钟，询问他们希望你结束还是继续讨论。

3. 销售拜访后，给客户发一封手写的感谢信，感谢他们能抽出时间与你见面（并提醒他们你们的下一步计划）。

4. 在收到客户电话和电子邮件的当天回复他们。

5. 在承诺的日期之前完成提案、报告等，践行“少承诺，多完成”。

6. 主动推荐客户的业务。

7. 带顾客去看球赛、娱乐、钓鱼、打高尔夫球或滑雪，不要谈论生意（除非他们主动这么做）。

8. 帮助客户的配偶或孩子（找工作、上大学、住公寓、找室友，等等）。

9. 邀请客户参加社交活动（如生日聚会、节日庆典等），向他们表示你很重视他们的友谊。

销售人员在销售后超越客户期望的九种方式

1. 给你的客户你的联系方式，包括你的手机号码，并鼓励他们如果有任何问题或疑问，可以随时联系你。

2. 在销售后一周左右时间跟进，确保你的客户对你的新产品或服务满意。

3. 询问你的客户是否愿意完成一份客户满意度调查。

4. 在你的产品送达客户的办公地点或你的服务开始时，你就应该主动到场。

5. 让销售经理和其他高管给客户打电话，问他们："你对我们的产品或服务有什么改进建议吗？"

6. 问问你最好的客户，他们是否愿意和其他高级管理人员一起加入客户咨询委员会，征求他们对你公司的产品或服务的意见。

7. 问问你的客户："如果我们能改变一件事情，是关于我们做什么和如何做的，那一件事会是什么？"

8. 让首席执行官和其他高管定期进行销售拜访，并亲自回复客户的投诉和表扬信。

9. 亲自处理所有投诉，并跟进以确保所有问题得到及时解决，使客户满意。

好事不出门，坏事传千里

中西部一家大型银行在收入下降时，试图扩大与中端市场公司的业务，却没有向他们询问他们的时间预期。为此，它宣布将在五周内做出商业信贷决策。更讽刺的是，这家银行的客户也遭受了净亏损，因为大多数的总裁、企业主和专业人士会认为，等待有关企业贷款的决定的五周时间太长了。当然，这里的教训是，银行没有询问客户的期望，或者至少没有询问销售人员客户的期望，而是假设客户对贷款决策所需时间的期望是多少，而他们大错特错了。

这家银行没有改善客户服务，只是简单地谈了谈。出于各种不同的原因，他们的客户也谈论了这件事。他们讨论着要等多久才能有结果，以及银行里似乎没有人在意他们的等待时长。一些研究表明，有过糟糕客户服务经历的客户会向 10~13 个人讲述自己的经历，而这些人会继续将糟糕的服务经历与他人分享，因此负面宣传迅速蔓延。这就是这家银行的遭遇。（这是在社交媒体出现之前的情况，现在只需点击几下鼠标就能传播客户的投诉和不满。）

我在咨询各行业的高管时，经常会问他们，他们的公司与竞争对手有何不同。在大多数情况下，他们提到了客户服务。然而，进一步的分析表明，他们的客户服务通常并不比竞争对手好，有时甚至更差。许多销售经理、销售人员和其他人对他们公司的客户服务说的都是对的，但是他们的公司并没有做多少改进。

15 种与员工共同建立以客户为中心的公司的方法

1. 雇佣关心他人的销售人员和客户联系人，且能在之前的工作中证明这一点。

2. 员工绩效评估、薪酬和晋升部分是基于员工对同事要求的响应程度。

3. 认可表彰员工为客户付出的额外努力。

4. 为销售人员和所有客户联系人提供客户服务技能培训，包括如何处理愤怒的客户。

5. 制订指导方针，使销售人员以及其他人能够就客户的要求做出某些决定。

6. 鼓励员工提出改善客户体验的建议。

7. 当销售人员和其他员工犯错时，不要责骂他们；相反，如果合适的话，把这种情况作为学习经验。

8. 谈谈客户服务在公司核心价值观和营销策略中的重要性。

9. 指导各级员工如何识别和满足客户的期望。

10. 让员工负责解决客户投诉。

11. 鼓励员工积极行动，致力于解决潜在的问题，而不仅仅是消除表面问题。

12. 庆祝在提高质量、效率或整体客户体验方面取得的成功。

13. 让各级员工参与到优质团队中来。教导经理和团队领导者如何管理他们。

14. 通过电子通讯或其他方式设计一种沟通机制，让员工了解各个团队在识别和解决全公司和部门问题方面取得的进展。

15. 要知道，客户服务包括做好许多小事，比如员工接听电话和回电话的速度，以及他们在电话中对内外部客户的友好程度。

客户服务销售文化为其自身带来商誉、忠诚度和利润

创建客户服务销售文化是一项费时耗力的工作，但大多数这样做的公司会更加成功，他们更能吸引和留住客户（和销售人员），更能使自己有别于竞争对手，获得更大的市场份额，有更强的盈利能力。这些都是值得努力的。

策略 12

完善销售培训，提高销售收入

销售人员达到或超过目标的比例最高的公司，会提供最多、最好的销售培训。

——罗恩·沃尔佩集团销售研究报告

我曾在一家《财富》500强的公司工作，其主营业务是向其他企业销售信息服务。当时，我被提升为公司的销售经理，萨曼是我团队中的10名销售人员之一。萨曼快30岁了，她聪明、勤奋，比其他六名销售人员进行更多的面对面销售拜访。不幸的是，那时萨曼离她今年的目标还差了一半，是团队中业绩最差的，因此我上一任的经理在萨曼进入团队的第五个月后准备解雇她。作为新经理，我和萨曼一起工作，了解到了以下几点：

» 她与客户建立了良好的信任关系，他们喜欢与她见面；

» 萨曼很擅长预约，但她经常无法推进销售进程和完成销售；

» 她以前的销售经验是在当地一家小家电商店做零售。

当我问萨曼她是否接受过销售培训时，她说："接受过一些。"在进一步的调查中，我了解到，她的"销售培训"只不过是店主在她身边站三个小时，告诉她如何推销产品，然后递给她一本描述电器技术规格的三环活页夹。

结果是，我们的团队在接下来的一周安排了一个关于基于需求的销售复习课程。在这次销售研讨会上，有几件事令我惊讶。萨曼所表现出来的热情，和对研讨会上讲授的销售概念的接受程度是具有感染力的。事实上，她对这次研讨会的投入甚至超过了我们的顶尖销售人员。第二件更令人吃惊的事情是，在研讨会之后，她成为我的销售军团中排名第二的顶尖业务员。当我问她她的转变归功于什么时，她说，归功于她学会的有关提问、克服反对意见，以及获得客户的委托的技巧。

一个成功的销售培训理念：在合适时间提供正确培训

在经历了萨曼和其他几位拥有类似情况的同事之后，作为一名销售经理和销售副总裁，我明白了销售培训的巨大价值，但前提是要正确设计和实施。在我看来，在合适的时间进行正确的销售培训，是不断增加企业收入、防止企业衰退、帮助像萨曼这样处境艰难的销售人员赢得谨慎的客户、成为优秀员工的最有效方法。一个专注的、有组织的销售培训计划将这些技能深深地植入在销售人员的脑海之中，这样他们就可以在每次的销售拜访中使用这些技能，从而达成更多的交易。

将销售培训与你的商业策略相结合

成功的公司都有一个与他们营销策略相一致，能支撑他们商业计划的销售培训策略。作为销售策略的一部分，这也就是在实施任何销售培训之前，高级管理人员要向培训总监和人力资源经理简要介绍他们今年和更长期的营销愿景和业务目标的原因所在。

销售的三个阶段

“售前”技能通常包括以下几个方面：

» 熟悉产品知识；

» 新业务开发：招募和选拔；

» 责任区管理。

“售中”技能通常包括：

» 基于需求的销售；

» 销售演示；

» 销售谈判。

“售后”技能（或客户管理技能）通常包括：

» 重点客户管理；

» 时间管理；

» 交叉销售。

确定团队和团队成员的具体培训需求

一旦销售经理和培训主管了解了公司的商业战略和计划，他们就可以聘请外部咨询公司，或者亲自对销售团队进行全面的需求分析，并对团队成员进行个人绩效分析。这些评估的结果最终形成了针对团队所有成员的个人和团队销售培训计划，覆盖了从顶尖到普通再到底层的销售人员。销售培训计划的具体技能、策略和技巧也取决于公司当前的销售流程和销售文化。

通用型与定制型销售培训：哪一种更好？

如果在销售培训中学习了合适的技能，它是通用型的还是定制型的，这有关系吗？虽然把重点放在销售技能上比放在产品知识上更有用，但许多销售人员——尤其是那些在低迷市场中苦苦挣扎的销售人员——不太愿意练习销售那些不是自己的产品。因此，最好的销售培训计划是使用公司的产品、一些公司客户的真实信息、特定的销售场景，以及针对他们谨慎客户的需求和反对意见的角色扮演练习。

使用多种培训方法有助于制订有效的计划

有些公司试图通过在线方式教授销售技巧，但最成功的公司会把他们的团队聚集在一起，通过研讨会来进行销售培训。在线培训可以有效地进行产品知识培训和其他信息培训，但人们通过面对面的方式来学习销售技巧和人际沟通技巧是最有效的。

参与其中

最好的销售培训是高度互动的，它允许参与者自己，或与合作伙伴一起，或三到五人的小组、六到十人的小组以及整个小组去参加各种各样的活动。参与性培训包括让参与者交换意见、集思广益，并向他们的伙伴和整个团队提供书面和口头反馈。

使用结构化的角色扮演

尽管有些人对角色扮演感到难为情或不舒服，但结构良好的练习场景是一种非常有效的培训方法，这是销售人员最接近实际销售情况的估计。

你可以把参与者分成两到三组，让他们在不同的地点扮演不同的角色，这样他们就不会被别人说的话打扰，也不会担心别人的看法。

使用相关的案例研究

选择相关的案例研究可以让销售人员识别和讨论与特定销售情况相关的技能、策略和其他因素。通过案例研究，参与者可以进一步讨论，突出关键问题，询问与会者在销售过程中的任何时候他们可能会做什么。

组织销售竞赛

大多数销售人员天生具有竞争力，通常喜欢参与学习竞争。为了学习的有效性，竞赛需要使用特定的销售技巧和解决问题的策略，销售人员可以将这些技巧和策略应用到实际的销售情况中。例如，为了鼓励团队合作，你可以将人分成不同的小组，并使用 Jeopardy 电视竞赛节目的形式（参赛者必须对给定的答案提出问题）来强化产品知识。

使用口头测验

小测验可能不像其他活动那么有趣，但它们可以变得有趣，可以用来强化和复习销售概念。为了保持语气轻快，有时我会问一些有趣的问题，比如，“昨晚我们吃饭时，服务员叫什么名字，或者菜单上有什么特别的甜点？”我会经常给参与者颁发有趣的奖品，比如前一天晚上觉得不错的甜点。

使用团队讨论

另一种有效的训练方法是在研讨会上安排两队之间的辩论。例如，我经常会提出销售问题，询问他们在这个问题上的立场，让他们走到房间的不同地方代表不同观点。例如，我在销售培训中使用的一个问题是：“询问客户他们不喜欢目前所使用的产品和服务的哪一点，是一个很好的主意。你对这种看法持什么意见？”

使用短剧、歌曲或故事

由于许多销售人员喜欢享受乐趣（并成为关注的焦点），因此，强化关键技能和概念的方法之一是将他们分成两组或多个小组，让他们创作一个简短的短剧、歌曲、诗歌或故事来概括关键概念。最准确地捕捉到最多研讨会概念（或获得最多掌声）的团队将获得一个有趣奖项。

销售培训的数量

尽管也会有例外，但这些销售收入增幅和市场份额最大的公司通常每年为销售人员提供大约五天的结构化销售和产品知识培训，而那些不算成功的竞争公司则提供了 0~1 天的销售培训。根据他们教授的销售主题，这些表现最好的公司通常会连续两天实施最初的销售培训计划，这样参与者就会有连续性。最有效的销售培训通常在 1~3 个小时的模块中进行，每个技能或概念都是单独课程的一部分，以便参与者更容易地学习、实践和集成技能。此外，对于获得晋升的销售人员来说，接受额外的销售培训有助于他们为新的职责做好准备。例如，一名销售人员晋升为大客户经理，他将受益于“大客户管理”研讨会。

群体大小与组成

尽管 3~5 人一组确实可以受益于销售培训，我们的研究表明，那些销售人员较少的公司往往容易陷入低谷，也更容易摆脱低谷，这些公司会向 8~15 人的团队进行销售培训，以保持较高的精力水平。他们还利用团队进行培训，其中包括表现出色的人和表现较弱的人，这样表现较弱的人可以向他们的同行学习，而表现出色的人可以进一步磨炼他们的销售技能，发展他们的培训和领导能力。

销售培训由谁来主导

销售培训可以在内部进行，也可以由外部顾问来主导。内部培训的好处是，内部培训师会比大多数外部培训师更了解公司文化、政策、员工、产品、愿景和价值观，因此可能会立即赢得销售人员的信任。使用外部顾问的优势在于，由于该顾问可能已经与数十家其他公司合作过，他可能在销售方面拥有更广泛、更深入的经验，能够带来新的想法来扩大你的业务。

妨碍销售培训的九个问题

无论谁进行培训，培训师都有可能获得团队的支持或得不到支持，区别在于他在培训之前所做的准备是否与他在实际研讨会期间所做的事情相匹配。我见过太多的研讨会由于准备不充分而失败，包括以下九点：

1. 研讨会在何时何地举行，与会者没有收到正确的信息，也就没能按时出席；

2. 负责人没有做好计划；

3. 负责人没有对研讨会进行预演，也没有很好地说明如何进行研讨活动；

4. 负责人未能管理好团队的动态，或者与其中一名参与者展开“权力斗争”；

5. 团队离题了，浪费了很多时间；

6. 材料没有送到正确的地方（尤其是在酒店或会议中心）；

7. 材料或设备没有准备好或不能正常工作；

8. 在参与者到达之前，房间没有布置好；

9. 与会者没有恰当地了解研讨会的情况，也没有完成研讨会的工作，或没有把预制文件、正确的材料或信息带到研讨会上。

衡量销售培训的效果

只有能提高销售额或销售效率的销售培训才是有价值的，即销售人员完成一笔交易需要多长时间。衡量包括两个方面：整个销售培训计划的有效性，以及每个销售人员完成培训后所取得的进展。验证整个项目的第一步是确保教授的技能与经理希望销售人员在销售过程中使用的技能相匹配。

在检查项目是否教授了正确技能之后，你需要确保参与者正在学习这些技能，并在研讨会中正确地使用它们。做到这一点的最好方法是旁听培训，让自己确信所有参与者都在遵循并在实践活动中使用这些技能，比如角色扮演。评估研讨会进展的另一种方法是观察参与者在测验中的表现。他们得到正确的答案了吗？他们在问相关的问题吗？下一个阶段的验证是与销售人员联合进行销售拜访，看看是否绝大多数销售人员仍然在使用销售技巧，并且正确地使用它们来与客户进行联系。

最重要的也是最难衡量的验证是培训对销售收入的影响。要做到这一点，最好方法之一是将销售团队随机分成两组（每组销售人员的数量相等，包括顶尖、普通和落后人员）。让一组完成培训，并测量他们的销售额是否比没有接受培训的对照组增长更多。我建议你跟进这两组销售人员三个月。如果训练设计得很好，你确实看到了增长，那么你也会想要为对照组进行训练。

可以用类似方式跟踪每个销售人员的进度。也就是说，在他们完成销售培训后，你会想看看他们的销售是否有增长。你可能想要跟踪每个销售人员和整个销售团队的一些销售结果，其中包括以下方面的增长：

» 上一季度的收入和上年同期的收入；

» 达到并超过收入目标的销售人员数量；

» 客户资源的数量；

» 每个客户带来的进账；

» 交叉销售；

» 客户留存期；

» 客户的推荐。

有效的销售培训方法才能取得成效

要成为一家业绩最好的公司，你的销售部门必须致力于发展其销售团队的所有成员，即从业绩最好的到那些业绩差的所有成员。无论你是设计自己的销售培训计划还是聘请外部销售专家，都要确保你的销售培训计划与公司的目标和战略保持一致。记住，当涉及销售培训时，在大多数情况下，“同一种模式并不适合所有人”。因此，根据你的团队和个人评估，使用各种经过验证的销售培训方法来激励你的所有团队成员学习新技能、技术和策略，以便他们能够赢得谨慎的客户并增加他们的销售业绩。

策略 13

提供销售指导，完成销售目标

优秀的销售人员一致认为，他们在职业生涯早期是销售经理指导他们并帮助他们取得了成功。

——罗恩·沃尔佩集团销售研究报告

“商务训练之所以吸引着顶尖的首席执行官，原因很简单，就是商务训练很有效。事实上，当被问及对他们所接受的培训的回报的保守估计时，经理们描述的平均回报率超过 10 万美元，或者说大约是培训费用的六倍。”

读完《财富》杂志上的这句话后，我采访了许多销售人员，询问他们在销售经理指导下的经历。下面是我所了解到的。许多业绩最好的销售人员表示，实际上，最好的销售经理是敬业的教练，他们帮助销售人员培养营销技能，同时提供平衡和明确的反馈鼓励。一位销售人员告诉我：“我很幸运，我的第一位销售经理也是一位伟大教练。她帮助我发现了我不知道自己拥有的力量，但她很严格。她教导我要更加自力更生，并教我如何在客户不愿购买的情况下走出销量下滑的困境。”

然而，有趣的是，在我询问效率较低的销售人员关于销售经理的指导建议时，他们指出了一个共通的问题：“我的销售经理不断告诉我我落后于我的目标，他们‘指导’我做得更好，但却没有帮助我弄清楚我落后的原因。如果这就是训练的全部，那就把我排除在外。”

在开始培训之前找出需要改进的地方

优秀的销售人员需要首先确定客户的需求，然后才能为客户提供解决方案或产品。当销售经理准备培训他们的销售人员时，同样的方法也适用于他们。最成功的销售经理在建立正式的培训流程之前，会使用诊断工具来帮助他们确定销售人员可以改进哪些方面，并鼓励销售人员参与分析。大多数销售人员需要培训的领域可以分别用字母 K-A-S-H 表示：

K= 知识（Knowledge）

你们的销售人员对他们的客户和你们公司的产品都有足够的了解吗?例如，当我负责销售的时候，我经常让我的销售人员告诉我他们客户的客户。如果他们回答不出来，我认为这是一个危险信号。同样，如果销售人员不能画出顾客所在公司的组织结构图，这就意味着销售人员不了解该公司的决策过程。除了了解公司和行业，知识还意味着销售人员必须了解所在公司的产品和服务的特点及应用。

A= 态度（Attitude）

如果市场不景气，即使是业绩最好的销售人员也会出现消极想法。对于那些处于低迷时期的销售人员或刚入行的新手来说，正确的态度起着关键的作用。这就是为什么那些富有魅力和风趣的销售人员往往能够获得最多的预约，并完成更多的销售任务。此外，指导你的团队实现销售目标。

性格开朗的销售人员不会把拒绝视为针对个人的行为，他们经常会进行最多、最好的销售拜访。例如，我的一位销售主管在和一个客户进行电话交流的时候，没能达成交易。他虽然很失望，但他没有说“我失去了这笔生意”，而是告诉我，他“几乎成功了”。

S= 技能（Skills）

有能力的销售经理不仅能诊断出差额可能与技能不足有关，还能准确指出销售人员需要加强哪些具体的销售技能。如果你的培训集中在以下技能上，包括建立信任关系、问问题、克服反对意见、提出解决方案、获得客户承诺、做销售演示、提交方案以及发展新的业务，销售人员很可能会获得销售增长。

H= 习惯（Habits）

销售人员的工作习惯是指他从事销售相关活动的程度和频率。如果你注意到销售人员的习惯经常会突然发生变化，并且导致工作效率下降，那么请找出原因。

注意：不要就个人问题向销售人员提供咨询

尽管你想在处理员工的个人问题时表现出同理心，但也要注意不要越界，不要为员工提供个人问题咨询。相反，你可以把他们推荐给公司里的人力资源代表。

沟通、信念、动机和障碍

作为一名出色的销售人员和销售副总裁，我将沟通、信念、动机和障碍添加到这张清单中，这些都是需要培训的方面。

沟通

假设你的一个销售人员在一个季度内没有带来新的业务。尽管开发新业务似乎是销售人员工作的一个很明显的部分。完全有可能是因为他不知道这对公司来说很重要，如果你没有详细地向你的销售团队提到开发新业务，并将新业务纳入他们的目标，那么交流障碍就不完全是他的错，如果你想让你的信息传达给销售人员（其中很多人在疲于奔命，还有一些人注意力持续时间很短），那么你需要和他反复沟通。当你厌倦说这些话的时候，往往是你的销售人员终于明白你的意思的时候。培训可以改善销售经理和他们的销售人员之间的沟通。

信念

多年前（当时大多数银行都不是由销售驱动的），我咨询了一些希望建立销售文化、培训银行家积极交叉销售产品的大型银行。在一些案例中，他们遭到了银行家的反对。一些银行家抗议道："银行把产品推给客户是有失尊严的。"尽管这不是高级管理层试图做的，但这些银行家表现出的抵触情绪源于他们认为客户会对此感到不满。培训可以纠正销售经理和他们的团队之间对信念的误解。

动机

是什么激励了你的销售人员？是金钱、认可、权威、地位、你的认可？也许所有这些甚至更多？由于团队成员的个人动机可能不同，所以你需要首先确定销售人员为什么要做或不做影响其销售业绩的事情。动机与个人利益直接相关，因此也与承诺直接相关。大多数销售人员需要看到你想让他们做的事情的回报，然后他们才会有足够的动力去完成任务。一旦你知道了这个人的动机来源，你就可以通过辅导来解决问题，去鼓励或阻止特定的行为。

障碍

业绩低迷的销售人员可能会从你的指导中受益，他们可能会指出阻碍他们做你想让他们做的事情的因素。例如，我咨询了一位银行高管，他的银行家拒绝向其他客户交叉销售。银行家们需要对申请贷款的客户进行信用分析，他们指出，由于他们的新职责，他们根本没有时间去实地从事销售。在这种情况下，这个高管需要首先解决并处理这个障碍。

激励和支持你的销售团队的 11 个指导技巧

1. 使用不同的培训方式

优秀的销售经理可以通过以下三种方式在面对面的销售拜访和电话销售拜访中培训他们的销售人员：倾听、观察和反馈； 销售拜访模拟；现场培训。

倾听，观察和反馈

在与客户见面之前，一定要和他们讨论一下，在进行销售拜访期间，你们各自的职责是什么。在你、你的销售人员和客户互相问候之后，退到一边，尽量少说话。唯一的例外是，如果销售人员犹豫不决，或者询问你的意见，或者说了一些非常严重的错误话时，要立即纠正。

销售拜访模拟

模拟是销售经理对销售流程或其中一部分进行演示的过程，最适合新销售员或那些难以达到销售目标的人。例如，如果你的销售人员在处理反对意见时感到不舒服，你可以进行全部或部分的销售拜访，向他展示你是如何做的。

现场培训

另一种类型的培训被称为现场培训，也被称为自发培训。如果你无意中听到销售人员在电话里或面对面的拜访中说了一些不符合事实的话，当场指导是合适的。例如，如果一个销售人员给客户报了错误的价格，你可以通过现场指导来纠正他，但不要让销售人员在客户或他的同事面前尴尬。等到他结束谈话后，把他拉到一边，当场指导他如何告诉顾客他的错误。

注意：如果你是在一个联合销售拜访会议上，我劝你不要在一个联合销售拜访结束后去指导一个销售人员。例如，如果你要对一个购买委员会进行一次联合销售拜访，你和你的销售人员必须提前决定各自的角色。然而，在销售拜访中有太多的因素在发挥作用，你不能客观地指导销售人员。

2. 永远不要在销售人员沮丧的时候打击他们

一些销售人员对培训持消极态度的一个原因是，一些销售经理花大量的培训时间告诉销售人员，他们的业绩令人不满意，直接或间接地威胁他们，如果他们不改进会带来可怕的后果。除了少数例外，销售人员都知道自己的业绩，如果业绩低于目标，他们就会非常担心付不起账单，甚至丢掉工作。他们的焦虑和成就会进一步激化，使他们迫使客户在不舒服、不太可能从他们那里购买的情况下进行销售。

经验丰富的经理不会这样做。他们不会打击员工，而是会给他们加油打气。例如，如果业绩是完全不可接受的，他们可能会说："鉴于你过去的表现，我们都对你这个季度的业绩感到失望。让我们来谈谈你能做些什么，我能做些什么来帮助你回到正轨。"

3. 即使销售业绩不佳，也要保持乐观

有些销售经理犯的一个错误是，他们过于重视一套既定的销售数字。这些数字很重要，但只有通过观察趋势和比较，才能正确地说明问题。例如，如果一个销售人员没有实现他当前一个月的收入目标，但是在过去的三个月里，他每个月的销售收入都有了显著的增长，这是一个积极的趋势。

4. 花时间和你的销售人员一起实地考察

成功的销售经理会关注结果和行动的数据。但更重要的是，他们会通过数据来判断为什么销售人员的业绩达不到标准。尽管数据是一个重要的起点，但优秀的销售经理会花时间与销售人员一起实地考察他们在做什么，以及为什么要这么做。一位好的销售经理知道，他不能仅凭一个或两个销售拜访就做出诊断。相反，他会花一整天的时间与销售人员一起进行销售拜访。

5. 为销售人员制订一个培训计划

在做了诊断之后，我发现创建一个简单的培训计划是很有帮助的，这个计划指出了我认为每个销售人员可以做得更好的领域，并详细说明了该销售人员的培训计划。通过将计划简化为文字，你可以将需要发生的事情和时间具体化，从而减少误解。在某些方面，培训计划就像一个客户计划，

销售人员可能会为一个优质潜在的客户进行投资。它列出了关键的目标和时间线，还描述了销售人员将做什么来提高他的业绩，你作为经理将做什么来支持这个人。

6. 记住指导讨论的目标

与销售人员进行指导讨论有三个目标。你的第一个目标是让销售人员同意你的观点，他可以在特定的销售领域有所提高（但也要考虑到你的判断可能是错误的）。有针对性的培训课程的第二个目标是让销售人员同意你的一个具体行动计划，以便做出改进。第三个目标是在讨论的开始和结束时，让销售人员自我感觉良好，并把你视为销售经理的盟友和值得信赖的顾问。

7. 在培训销售人员时使用火腿三明治法

大多数销售人员喜欢听到销售经理的表扬，但是当他们听到批评的时候，他们就会开始自我防卫。顶尖销售经理在向销售人员提供反馈时，会使用我所说的“火腿三明治法”，对他们进行表扬和建设性的批评。首先，他们对销售人员的结果或行为说一些鼓励和积极的话，然后指出（或引导销售人员阐明）一个需要改进的地方，最后用另一个积极的方面来总结分析。两片面包代表两种积极的说法，夹在三明治中间的火腿代表建设性的批评。

8. 运用销售技巧来赢得销售人员的信任

如上所述，只有当销售经理准确地诊断出收入不足的原因时，才能成功地指导销售人员。然而，这还不够。销售经理还必须能够赢得销售人员的信任，并让他们同意你的诊断和建议的计划。与销售人员建立了最佳关系的销售经理是那些将销售人员视为客户的人，他们使用的销售技巧与他们希望与客户使用的技巧相同。

这些沟通技巧包括：

» 与销售人员建立信任关系；

» 通过提问和观察销售拜访来确定销售人员的需求；

» 向销售人员提出以利益为中心的建议，以提高他们的业绩；

» 克服任何来自销售人员的反对意见；

» 获得他们对行动的承诺。

9. 制订一个培训计划

作为一名销售经理，我发现每个月制订一个培训计划是很有帮助的，这样我就可以合理分配我的时间。我提醒自己，在我的第一个管理职位上，我的头衔是现场销售经理，所以我花了尽可能多的时间和每个销售人员一起出差，并对他们进行培训。我的目标是每个月和每个销售人员相处一次。当然，时间表是随着销售机会的出现而改变的，但是它给了我和我的销售团队一个可以运行的轨道，我的团队成员一致表示提前知道了我的时间表对他们的工作很有帮助，他们可以相应地计划他们的销售拜访。

10. 不要忽视你的明星员工

新晋升的销售经理甚至是经验丰富的销售经理都会犯的一个错误是，他们把所有的时间都花在辅导业绩较差的员工上，而忽视了他们的明星销售人员。

如果你的明星员工、符合要求的员工及不合格的员工数量相同，我建议你把大约 40% 的时间花在表现不佳的员工身上，40% 的时间花在表现合格的员工身上，20% 的时间花在明星员工身上。

一部分明星员工可以发展到下一个层次，成为超级明星员工。值得记住的是，即使是超级棒球运动员三振出局的次数也比他们上垒的次数多，所以，明星员工也总是有改进空间的。除此之外，你还可以从他们身上学到一些销售策略，并与团队其他成员分享。销售明星会很高兴听到你称赞他们的出色表现。

11. 鼓励同伴辅导

当我还是一名销售人员时，我从第一个销售经理那里学到的一个做法是鼓励销售人员互相进行销售拜访，互相学习。同伴辅导有四个好处。第一，同伴辅导通常效果很好，相比于从老板那里得到建议，从同行那里听取建议会降低销售人员的受威胁感和防御性，虽然都是同样地听取建议，但跟同行交流不会让他们觉得自身在被评判。第二个好处是，通常情况下，两个销售人员都能从观察彼此中学到东西。第三个好处是，这是一种培养明星销售人员成为销售经理角色的途径。第四，当受到来自同一家公司的不止一个销售人员拜访时，一些客户会感到受宠若惊，觉得自己很重要。

有效培训有助于创建优秀的销售团队

通过培训团队中每一个人，包括销售助理和其他人，传达出培训是一项积极活动，每个人都可以通过培训得到成长和提高，至少大多数人都会。在管理机制有效健全的公司里，从基层销售人员到销售经理都是由他们的上级管理者来指导的，所以这种指导已经深入到组织的每个结构中。然而，我的经验表明，尽管大多数人都能提高自己的业绩，但有些销售人员根本不适合这份工作。在这种情况下，你要做的不是增加你的指导，而是（在你采取了所有适当的行动之后）让他们知道他们的不合适。此外，虽然大多数销售人员跟他们的经理在一起时间都不足，但你也不想让销售人员喘不过气来。

由于销售经理身兼数职，有时可能扮演严于律令的角色，销售人员有时会对接受培训持谨慎态度，他们可能会听到像威胁甚至是终结职业生涯之类的批评。然而，事实是，当经理正确地识别问题并利用自己的销售技巧给出员工销售指导时，是在给他的销售人员一份礼物——这份礼物将使他们在整个职业生涯中获得更大的成功。

策略 14

设置销售议程，提升会议效率

销售人员积极参与的销售会议不仅对会议的感知价值有积极的影响，而且对销售收入也有积极的影响。

——罗恩·沃尔佩集团销售研究报告

去年，一家全球咨询公司的业务发展副总裁打电话给我，绝望地哀求我："罗恩，你得帮帮我！谈到面对面销售，我成交了很多业务，但我每月的销售会议是一场灾难！当我在销售会议上跟我们的销售人员讲话时，一半人都在用手机发短信或交头接耳！如果房间里有一半人真的在听我说，我就感到很幸运了。我准备把这些会议统统取消！"

如果这种抱怨听起来很耳熟，那么我对他的团队进行的后续问卷调查结果也不会感到意外："这次会议完全是浪费时间。""我在他的会上什么也没学到。""这浪费了我的时间。""我不知道这次会议的目的是什么。""他本可以发一封电子邮件，而不是开会。""他是一个很好的人，当我们在实战中，他可以提供帮助。但是，他开的那些会纯粹是在浪费时间。"

尽管关于销售会议的负面评论并不是什么新鲜事，但你不必把它们当作生活中的事实来接受。相反，销售会议可以为顶尖销售经理提供一个很好的机会来激励和领导他们的团队在低迷的市场中赢得谨慎的客户，这比你想象的要容易。以下是如何将销售会议作为一个强大的销售和管理工具。

有效销售会议的五个标准

有两种类型的会议：定期安排的销售会议，如每周回顾销售预测的会议；特别安排的会议，如发布新产品的会议。特别召开的销售会议通常更精细，也花费更多时间和精力，但是，一个成功的会议的大部分要素都适用于你正在进行的定期会议、常态会议或者特别安排的会议。开展有效销售会议的顶尖销售经理会运用以下标准：

» 他们定义明确的会议目标，并设定议程；

» 他们的会议时间很短，而且紧紧围绕议程；

» 他们鼓励与会者在会议期间参加各种各样的活动；

» 他们会确认与会者是否对这个过程感觉良好；

» 他们确信这次会议有助于增加销售额。

设定会议目标

你为什么要开会？你想要完成什么？会议的直接和间接成本，以及计划和举行会议所需的时间都是巨大的，所以要确保会议是实现你目标的最佳途径。因此，我建议你在计划会议时考虑一下你所期望的结果。有效的销售会议通过做以下一项或多项来帮助销售人员做更多更好的销售：

» 提供有用、及时的信息；

» 集思广益解决销售问题；

» 提高销售人员的技能；

» 激励他们销售更多；

» 做出决定；

» 制订销售计划。

当你阐明会议的目标时，也要明确你希望销售团队在会议后采取什么行动。例如，如果你的目标是向你的销售团队介绍一个新产品，你可能希望你的团队采取的具体行动是：

» 对新产品感到兴奋；

» 了解销售产品所需要的信息；

» 想出新产品的各种好处；

» 解决他们在低迷市场销售时可能存在的任何顾虑（比如如何将其与贵公司提供的其他产品相比较，以及如何在竞争中销售）；

» 练习克服谨慎客户的反对意见；

» 计划如何将这个新产品纳入他们现有的产品线。

什么时候不需要开会

如果你能通过电子邮件、备忘录或电话会议更好地传达信息，那么就不要召开会议。召开不必要的会议只会稀释未来会议的价值，损害信誉。

在销售会议前、中、会后要回答的17个问题

会议前

1. 你将如何计划和设定你的日程?

大多数的顶尖销售经理同意“时间就是金钱”这个老生常谈的说法。因此，他们设置会议的目的是优先考虑他们想要讨论的项目、讨论的顺序，以及每个主题的时间限制。他们经常在会议前几天分发拟议的议程，并要求就其他项目提出反馈意见和建议。然后他们在会上发布最后议程。

2. 你将在哪里、什么时间开会?

我参加过太多会议室无法使用的会议。可能发生的更尴尬的事情之一是，让一群人在最后一分钟到处寻找开会的地方。相反，你要确保提前预订房间，并在开会前确认是否可用。虽然在公司办公室举行会议成本更低，时间也更有效，但在异地举行会议可以激发新的思维，并显示出会议的重要性。非现场会议还可以减少经常困扰现场会议与会者的干扰和分心。理想情况下，你应该改变开会的地点。同时也要考虑到，在不那么具有破坏性或与会者较少的时间举行会议并不方便。对于许多因为出差而无法亲自参加会议的销售人员来说，另一种选择是通过GoToMeeting、Skype和其他通信工具参加会议。

3. 会议要开多久?

大多数销售人员更喜欢时长不到一个小时的销售会议。如果你为议程上的一个项目预留了一定的时间，请不要超过分配的时间。如果有必要，把需要更多时间的项目分配给一个小组，或者在以后的会议上重新讨论它，但不要让它占用议程上其他项目的时间。

4. 怎样才能使参会人准时到达？

优秀的销售经理会准时开始和结束他们的会议，并且经常使用电子邮件或各种软件程序来通知和提醒参会人员及时参加已经安排好的会议，会议会准时开始和结束。通过按时开始和结束会议，你不仅可以阻止迟到的人，你的销售团队也可以更有效地计划他们的其他销售活动。永远不要因为迟到而惩罚那些准时到达的人。

5. 如何安排座位？

座位的配置应根据会议室的大小和形状以及会议的目的而定。例如，如果你想激发头脑风暴或小组活动，或最大限度地进行讨论，可以把座位安排成 u 型。如果你有圆桌，并且你将在房间的前面展示信息，那么最好让每张桌子上的所有椅子都对着房间的前面。

6. 会议期间使用什么材料或设备？

想清楚你在会议期间要用什么东西，什么时候分发。例如，在我的几次会议上，我收集了一些小型案例研究，并用它们来促进关于销售策略的讨论。

7. 销售人员可以提前完成哪些阅读或工作？

你可以通过要求人们在会议前阅读文件或准备某些信息来节省时间，使会议更有效。这样做不仅向销售人员传达了你已经考虑过会议的信息，而且让他们关注会议的目标和他们的角色。

8. 你对与会者在会议上的行为有何期待？

你的会议是有组织、可控制的，还是混乱、没有重点的？作为销售主管，你要负责营造会议的气氛。这对于为新团队成员设定基调和期望尤为重要。因此，在开会前花几分钟通过电子邮件分发一组简短的“会议指南”，为会议行为建立基本规则是值得的。这些规则应包括要求与会者在会议期间：

» 不要发短信或打电话；

» 给予其他团队成员充分的关注；

» 避免说悄悄话和干扰；

» 提出问题和建设性建议。

如果团队中有几个人在你开会的时候经常做出让人分心或讨厌的行为，那么提前当面提出你的要求，让他们更充分地参与到演示中，通常就能解决问题。

会议中

9. 如何开启会议，营造积极向上的气氛？

让参与者的注意力立刻集中起来是很有帮助的。有时阅读鼓舞人心的诗歌，引用相关的新闻文章，或分享个人作品会起作用。重要的是，作为领导者，你要开诚布公。作为你议程的一部分，花几分钟向最近取得成功的团队成员表示祝贺。为了完成特定的交易，为了整体的收入结果，为了特定产品的销售，为了增加的销售活动，甚至为了预测的准确性，你要合理地向尽可能多的人表示祝贺。感谢你团队中承担特殊项目的人员。

提供一些额外的时间和机会，让团队成员通过谈论他们最近的销售业绩，以及他们是如何取得这些业绩的，来展示自己。这项活动的目的有两方面：一是给予销售人员应得的关注（许多人渴望得到这种关注），让他们获得成功；二是通过分享在低迷市场中对他们有用的东西，帮助其他人。让表现最好的销售人员谈谈他们是如何发现机会的，以及他们采取了哪些具体行动来引进和成交一大块业务。问他们：

» 谁是关键人物？

» 公司和主要参与者的需求和期望是什么？

» 你遇到了什么困难？你是如何克服的？

» 竞争对手是谁？你是如何战胜他们的？

» 销售周期中的关键事件是什么？

» 团队里还有谁帮你完成了这笔交易？

» 下一步计划是什么，这个客户的长期潜力是什么？

» 你从这次成功中学到了什么？

10. 如何使你的销售会议变得有趣？

邀请一位特别的客人是让你的销售会议变得有趣的最好方法之一。我主持的最好会议是那些我邀请客户参加的会议。客户说，他们常常为受邀参加我们的会议而感到荣幸，我们的销售人员从他们对销售人员及其公司的期望的坦率评论中学到了很多东西。例如，在一次会议上，我邀请了一些客户来评判哪些销售人员对我们的产品做了最好的介绍。在另一次销售会议上，我要求我最喜欢的一个客户在角色扮演练习中扮演一个谨慎的客户。

11. 你将如何提高参与度？

当我还是销售副总裁的时候，我最富有成效的会议是在会议开始前的几天，我把任务分配给尽可能多的人，而不仅仅是表现好的销售人员。我也让销售新手和普通销售人员轮换扮演这些角色，以便团队中的每个人都有机会在其他同事面前大放异彩。以下是一些鼓励参与的方法。

» 让你的销售团队确定最近的销售情况，集思广益以赢得谨慎客户，进行角色扮演来寻找解决方案。销售会议为你所有的销售团队提供了一个巨大的机会，以识别当前的挑战和来自谨慎客户的反对意见，并提出实际的解决方案，可以刺激更多的销售。把这个 15 分钟的活动添加到你的议程中。作为一个整体，找出几个具体销售挑战，这些挑战与低迷市场中谨慎客户有关。然后分成两到五个人一组，用五分钟的时间想出解决方案。接下来，让每组选出两个人来简要地扮演一下这个情景。最后，从小组中得到反馈。

» 在做出影响销售团队的决定之前，先征求他们的意见。“我很乐意分享我的想法，但没人愿意问我”，这是销售人员经常听到的抱怨。销售会议也是一个征求销售人员意见的好机会。例如，在决定销售团队的激励薪酬方案之前，我总是征求他们的意见。我问他们对当前计划的喜恶之处。需要注意的是，你需要明确表示，你和管理团队保留对激励薪酬计划等事项做出最终决定的权利。

12. 你将如何处理参与不足和过度参与的参与者？

如果你知道一个销售人员在会议上不爱说话，你可以给他分配一个话题由他来主导。或者你可以问一个问题，让他回答，尤其是关于观点而不是事实的问题。确保你对尽可能多的项目有一个行动计划，除了纯粹的信息项目。记录下谁将在什么时候做什么，将会有什么进度检查。指派某人做会议记录，并记录关键的决定和行动。

对于过于投入的人，一种方法是不要以他们要求被认可的眼光来看待他们。另一种方法是说：“乔，你已经给了我们一些好主意。我想听听其他人的意见。”如果有些人在会议上总是不够投入或投入过多，事先和他们谈谈通常会有帮助，并以一种支持的方式，让他们调整自己在会议上的投入程度。

13. 如何提高销售人员的士气？

销售会议是一个提高整个团队士气的好地方，但这对那些可能陷入低迷的销售人员来说，尤其是个提振士气的好机会。做到这一点的方法有两种：

第一种，给他们一个机会来主持会议的一部分，尤其是在他们能够展示实力的领域。例如，如果你面临竞争挑战，让他们负责协调关键竞争对手的信息传递。

第二种方法是公开称赞他们对销售团队或整个公司的成就或贡献。尽管你最终要寻找的是收益结果，以及团队中每个人超额完成任务的情况，对于那些还没有达到销售目标的人来说，表扬他们是很有价值的，因为他们的活动增加了（比如在一段时间内拨打的销售电话的数量），或者在竞争中赢得了一个重要的客户。同时，也要感谢他们在公司员工身份（帮助协调献血活动、公司野餐或节日派对）这类事情上所做的贡献。这样做的目的是找到一个合理的理由来认可他们，这样当他们的销售额下降时，他们也会感觉良好。

14. 如何处理议程之外的议题？

如果与会者提出了一个不在议程上的问题，或者一个不在计划讨论的话题，不要觉得有义务在那个时候讨论它。把它记下来，在以后的会议上再处理。如果你有一个活动挂图，在上面标上“停车场”，并列出一些无关的东西。同样，如果一个人提出了一个只与他个人有关的问题，那么在会议结束后再讨论。

15. 如何结束会议？

以积极的态度结束会议，感谢与会者的参与。总结最重要的观点或决定。在你说结束之前，提醒与会者他们的行动步骤。

会议后

16. 如何评价这次会议的成功?

一旦会议结束，你可以让你团队的关键成员留下来几分钟，讨论他们认为在会议上哪些工作做得很好，哪些工作做得不好，以及他们希望下次会议在形式或内容上有哪些变化。鼓励他们在口头或书面评估中开诚布公。

17. 你将如何跟进与会者的任务、行动和决定?

优秀的销售经理知道，如果他们想要实现销售目标，在会议结束后什么时候以及如何跟进与会者至关重要，那么什么时候是最好的跟进时间呢? 大多数人同意在几天内与与会者进行一次联系，但不要超过一周。你可以这样做:

» 回答一个你无法在会上回答的问题;

» 对你没有机会回应的与会者的想法进行反馈;

» 你或与会者希望私下讨论的具体问题;

» 进度检查，看看与会者是否理解他们的任务。

有效的销售会议能建立起一个有凝聚力的团队

亚里士多德曾说过:“整体大于部分之和。”除了许多其他的好处，一个专注的、互动的、实用的销售会议可以建立一个表现出色的团队，从而在低迷的市场中获得更多的销售。

策略 15

把控招聘环节，雇佣销售精英

销售人员流失率最低的公司在聘用销售人员之前会对候选人进行最严格的面试。

——罗恩·沃尔佩集团销售研究报告

"罗恩，我需要有人马上来填补我的销售主管一职，否则我就有大麻烦了！"

对于我的客户来说，为他的头号销售人员找到一个合适的替代者实在是太困难了。我客户的客户都是高端客户，要求非常高。更糟糕的是，我的客户的年度销售预期是基于他现在已经离职的顶尖销售人员带来的最高收入。然而，重要的是，许多销售人员的业绩都在下降。

等到空缺职位出现后再开始招聘是最糟糕的，但即使是一些经验丰富的销售经理也会犯这种常见的错误。如果他们面临立即填补空缺的压力，很有可能会导致糟糕的雇佣和许多附带的损害，包括失去收入、忽视客户、高营业额、低士气，这对作为销售经理的你来说是一个大麻烦！

招聘和雇佣合适的销售人员是销售经理工作中最重要的部分之一。然而，根据我们的调查，即使是经验丰富的销售经理招聘来的销售代表中也有的人在担任销售职位一年内既没有完成业绩，也没有离开公司。

招聘和雇佣优秀销售人员的四个步骤

第一步：采取积极主动的方法，做好继任计划；

第二步：在开始寻找候选人之前，分析并定义职位角色；

第三步：让你的候选人名单中充满有能力的求职者；

第四步：评估候选人应对具有挑战性的销售情况策略。

第一步：采取积极主动的方法，做好继任计划

最聪明的销售经理会通过制订继任计划，避免自己被意外的人员变动搞得措手不及。这意味着预测他们的销售人员（或任何支持他们的人，如销售助理）离开的可能性。精明的管理者不管他们的团队产出有多好，都会这么做，但要特别注意在市场低迷时预测销售人员的流失率，因为更多的销售人员可能会陷入困境，并感到沮丧。

继任规划过程如下。首先，经理每年至少与销售人员进行两次坦诚的谈话，讨论他们的抱负以及他们对目前职位的看法。然后，根据讨论的信息了解每个销售人员的业绩和活动水平，经理在 1~5 的范围内预测每个销售人员留下、辞职、升职或被解雇的可能性（5 意味着那个人已经宣布辞职；1 意味着那人离职的可能性很小）。

例如，一个销售人员如果一直达不到他的业绩要求，并且被列入了一个绩效改进计划，那么他很可能被评为 4 级。然而，预计将离职的销售人员并不只是那些处境艰难的人。如果你知道你的销售人员已经面试过其他公司，而且他有可能会升职，或者被给予比你公司更高的薪水，那么他极有可能会离职。

虽然有些经理可能觉得讨论这个问题不舒服，但这对销售人员是有帮

助的，因为他可以和他的经理分享他的职业目标，并且理想的情况下，他可以得到关于他可以做些什么来为自己晋升到下一个职位做准备的建议。

对于团队中的每一个人，销售经理都会以书面的形式描述一个具体的策略来填补预期的空缺。通常情况下，这意味着要雇佣一个替代人员，但也可能意味着要在其他销售人员之间划分销售区域。在某些情况下，经理可能有一个覆盖区域的短期策略，加上一个长期策略。记住，如果你把划分区域作为一个短期策略，确保你的销售人员明白，一旦你雇用了一个全职的替代者，他们将不得不放弃这些客户。

第二步：在开始寻找候选人之前，分析并定义职位角色

在你开始寻找候选人之前，你首先需要分析和定义销售职位。然而，经理们在招聘销售人员时经常犯的一个错误是，他们没有首先明确这份工作的具体职责，然后再确定所需的能力。以下是撰写销售职位的职位描述和能力时需要考虑的一些关键问题。

» 销售人员的主要职责是管理现有的关系和客户（农民）还是开发新的客户（猎人）？

» 认为销售周期长且复杂，还是销售更像是一种短期交易？

» 公司提供了多少线索、营销资料、广告等形式的支持？

» 销售人员必须对产品或行业有多少了解？

» 客户和产品是否具有高专业性，销售人员是否会参与技术讨论？

» 谁是销售人员的客户：C 级主管、中层经理、采购代理？

» 希望销售人员提供多少售后支持？

» 与竞争对手相比，这家公司有多出名？

» 这个品牌有多出名？

» 这个行业的竞争有多激烈?

» 如何衡量销售人员?

» 销售人员需要写建议书吗?

» 销售人员将会销售一个新概念或一个新产品,或一个已知的商品吗?

» 连夜出差需要多少补助?

» 销售人员是销售团队的一员还是自主的个体?

» 销售人员是否被要求在顾客委员会上做演讲?

第三步:让你的候选人名单中充满有能力的求职者

一旦你分析并确定了销售职位,你就可以积极地寻找最好的候选人。虽然有很多方法来招聘和雇佣销售人员,但是要比其他人做得更好。以下“最佳招聘实践将使你更加努力地用合适的候选人来填补销售职位空缺”。

把网放在水里

最成功的经理总是面试销售人员,尤其是明星销售人员,即使没有空缺的职位。他们找出所在行业(以及相关行业)的顶尖销售人员,并积极培养这些关系。邀请竞争对手的顶级销售人员参加早餐,受邀的人通常会感到受宠若惊,而你作为经理将获得宝贵的信息。

在你的销售组织中创建一个农场团队

与继任计划直接相关的一个策略是,为即将到来的销售代表创建一个“农场团队”,就像他们在棒球大联盟所做的那样。你想要有高潜力的可以塑造成超级明星的球员。要做到这一点,一个方法是雇佣聪明、积极的年轻人,他们有很大的潜力,但销售经验有限。如果你的预算允许,你可以让他们作为销售助理(初级销售人员)和你的一些高级销售人员一起工作,并且给他们分配非常有限的客户。当他们这样做的时候,你和你的一个或多个销售人员可以指导他们，让他们尽快发挥自己的潜力。例如，我的公司雇用了一名销售助理，他会打电话给新客户确认他们符合条件，并帮助安排高级销售代表的预约。几年之后，他被提升到高级销售职位，后来成为我们收入最高的销售人员。

寻求合伙人、同事、客户、供应商、朋友和家人的帮助

识别销售人才的最好方法之一就是寻求他人的帮助。尽管你的同事能以优秀的企业员工的身份这样做是件好事，但现实是，除非他们有一个令人信服的理由，否则大多数人都太忙了，无暇顾及自己工作职责之外的任何事情。基于这个原因，我建议给予你或你公司的任何非管理人员一定的中介费，以感谢成功地为公司推荐了候选人。我以前的一位雇主，给出了1000美元的中介费用于奖励候选人推荐者，这位候选人被公司雇佣后组建了一支销售团队，这支团队有能力赢得我们的竞争对手已经不再光顾的那些过于谨慎的客户。除此之外，你还可以在公司的公告栏、时事通讯和网站上发布职位信息。

一个相关的策略是让你的客户、供应商、朋友和家人知道你的想法，这样他们也可以推荐销售候选人。在低迷的市场中，许多人都在找工作，而你面临的挑战可能是求职者太多，而不是太少。

通过在行业内建立高知名度来吸引候选人

通过在行业集会上发表演讲、撰写文章、在协会和其他商业场所担任领导职位而在行业中享有较高知名度的顶级销售经理将吸引顶级销售人员。采用高调措施可以让他们发现、遇见并吸引有才华的销售人员，这些人总是在寻找更好的机会来赚更多的钱。例如，因为我接受了一所顶尖大学的兼职教授职位，几年后，我能够聘用一名有才华的研究生，他曾是我班上的一名学生。最近，我在一所知名大学的商业俱乐部做了一次演讲，收到了几位优秀研究生的简历。

在职业和招聘网站上发布初级和中级销售职位的广告

在诸如 Monster.com 这样的就业网站出现之前，大多数销售人员都是在当地报纸分类广告的“销售职位”部分寻找工作的。如果销售人员找到了一份可能的工作，他会给雇主发送一份带有求职信的简历，然后等待面试。无论如何，从那时起，在线招聘分类广告已经成为雇主发布销售职位广告、求职者寻找和申请销售职位的最流行的方式。

使用社交媒体对销售候选人进行筛选

对于销售经理来说，领英和脸书等社交媒体是一种有效且受欢迎的方式，可以让他们在与大量求职者见面，甚至在电话交谈之前接触并审查他们。例如，在领英上，销售经理可以阅读求职者的个人资料，包括工作经历、教育背景、职业背景，甚至是推荐信和可能的相互联系。例如，使用脸书，你可以在许多流行的商业聊天室发起关于销售相关主题的在线对话。精明的销售经理都知道，一次非正式的在线交谈可以揭示很多关于销售人员的销售方法、客户服务和产品知识。一旦你在聊天室遇到了一位销售人员，他可能对你公司的一个新职位很感兴趣，你可以邀请他在网上、电话里或当面进行一次私人谈话，进一步讨论这个问题。

利用销售能力问卷调查来确定销售能力

一旦你找到了一位简历令人印象深刻、在线个人资料吸引人、推荐信引人注目的求职者，在进行耗时的当面面试之前，考虑多走一步。记住，即使是最有经验的销售经理也会做出错误的招聘决定。减少这类错误的一种方法是，给他们一份标准化的销售能力调查问卷，尤其是对新员工或从其他行业转入销售行业的人。大多数销售能力问卷能帮助销售经理确定候选人是否有潜力在一个关系驱动的销售职位上获得成功，该职位需要具备以下能力：

» 有驱动力；

» 有竞争力；

» 做事主动；

» 条理清晰；

» 坚持不懈；

» 乐观积极。

值得注意的是，对于一个经验丰富的销售人员来说，标准化的销售能力问卷通常是不必要的，甚至这些问卷调查会让他们对公司感到失望，所以要明智地使用这些问卷。

第四步：评估候选人应对具有挑战性的销售情况的策略

当面直接的面试是销售经理评估候选人是否适合销售职位，以及候选人是否适合你们公司和销售组织文化的最佳机会。除了解释销售活动、职责和销售人员的工作条件，还要讨论公司的愿景和价值观。

过去的表现是未来成功的最好预测器

一旦你确定了工作职责和工作条件，你就需要深入了解候选人的背景和经验，看看他们是否符合你的要求。金融服务公司在广告中声明，过去的业绩并不保证未来的成功。在投资方面是这样，在工作表现方面也是这样。然而，过去在销售上的成功是未来成功可能性的一个很好的指标。这就是为什么你要确保应聘者不仅仅是在进行“面试行为”（告诉你他认为你想听什么），而且确实做了他声称自己已经做过的事情，最好是在一个与你的公司类似的环境中做过。例如，一个成功地为一家提供大量支持和架构的《财富》1000强企业销售产品的销售人员可能会发现，要把产品卖给一家小型私营企业是很困难的。你会想和申请人探讨这个问题。

大多数的工作面试都能提供足够的证据来做出合理的雇佣决定，没有做出合理决定的原因有以下几点。首先，许多面试官没有充分研究应聘者的简历来准备深入的问题或进行足够深入的调查。第二，没有足够多的人面试候选人，而面试者经常忽视协调他们的面试策略或他们问的问题和他们寻求的答案。最后，面试官经常在面试后忽略了交流。

如果你想在严峻的经济形势下招聘一名候选人，看看他是如何应对经济和生活其他领域的挑战的。假设应聘者声称自己是公司里最优秀的销售人员，大多数面试官都会祝贺他，问他一些相关的问题，然后再转到简历的其他部分。然而，一位精明的销售经理会深入探讨这个问题，并问一些与这个空缺职位所面临的挑战有关的问题，包括如何与更谨慎的客户打交道等。

面试中关于应聘者先前成功经历的问题

» 祝贺你成为你们公司最优秀的销售人员。你能告诉我你是怎么做的吗?

» 请给我描述一下你去年最成功的销售业绩。这笔交易花了多少钱?你在完成这笔交易时遇到的最大挑战是什么?

» 你的客户是什么样的?你在销售中采用了什么策略?

» 你的策略在哪些方面最有效?

» 哪些方法没有如你所希望的那样奏效，以及你是如何适应的？
» 如果你能找出达成交易的关键，那会是什么？

关于真实销售情况的面试问题

» 你如何描述你的销售风格？
» 你的销售风格是什么？你如何获得新客户？
» 我们正处于低迷的市场经济中。如果客户对承诺变得更加谨慎，销售变得更加困难，你会怎么做？
» 你觉得最具挑战性的客户类型是什么，以及你如何接近他们？
» 如果竞争对手给我们的客户报了更低的价格，你会怎么说？

提高面试效率的14条建议

1. 尽你所能让候选人放松。热情地欢迎他，请他喝一杯。一般来说，候选人越放松，他可能会越开放和坦率，你得到的信息就会越有效。

2. 在面试开始时，简要说明面试过程。比如说，你将会问应聘者45分钟的问题，然后你会给他一个机会问你关于公司和职位的问题。

3. 让至少三个人单独面试销售候选人。

4. 在一个安静的办公室里进行大部分的面试，这样你就不会被打扰了。在办公室外进行剩余的少量面试，这样你就能看到候选人在不同场合的表现。

5. 在不同天的不同时段面试进入决赛的候选人，看看他是否在不同的时间都能保持敏锐。

6. 至少和应聘者通一次电话。这能让你听到他在电话里的声音和销售情况。

7. 给申请人一个描述销售情况的简短案例研究，问他下一步可能做什么，为什么要做。这是为了帮助你了解他作为一名销售人员的策略和创造力。

8. 让进入决赛的候选人陪同你的顶级销售人员进行一两次销售拜访。告诉应聘者，这将是一个很好的方式，可以让你亲眼看到这份工作需要什么，让你的团队成员看到他的行动。在销售拜访之后向你的团队成员和候选人汇报情况。

9. 一定要仔细检查推荐人，使用互联网，检查候选人的背景、可信度和信用情况。

10. 记住，当你面试应聘者的时候，他也正在面试你，并对你的公司做出判断。在回答他的问题之前，热情地告诉他你的公司和职位。

11. 记下求职者的回答和评论，这样你或其他面试官就能在接下来的面试中跟进了。

12. 注意候选人问你的问题。这些问题是深思熟虑的、重要的，还是表明应聘者没有对你的公司做过任何研究？

13. 保持开放的心态，在面试结束之前不要对应聘者做任何决定。这将帮助你更好地倾听，并为你提供更多的数据来做出决定。

14. 在面试者离开后，迅速浏览你的笔记，写下你对他的印象。特别注意任何未回答的问题或前后矛盾之处。

招聘和雇佣合适的销售人员需要时间和方法

要雇用最优秀的销售人员，你需要在找到真正合格的候选人之前，“捡起并扔掉大量的石头”。寻找那些有成功销售经验的候选人，并且他们要有很高的工作道德，也就是说，他们比其他销售人员打更多的电话和安排更多的面对面的拜访，并且喜欢这样做。同时，也要注意那些已经证明自己有很强的组织能力、分析能力、沟通能力、解决问题的能力，以及与客户和公司内部不同的高层人士互动的能力的候选人。在大多数销售岗位上，尤其是那些需要额外努力和时间来完成复杂销售的岗位上，销售人员会遇到许多障碍，所以你需要寻找那些保持热情、坚持不懈和专注力强，并且喜欢发展持久客户关系的候选人。

策略 16

重新调整销售区域，刺激销量

约有 20% 的销售人员之所以能完成销售任务，是因为他们所处地区的资源丰富，而不是因为他们的销售技巧。

——罗恩·沃尔佩集团销售研究报告

“如果我得不到领域救济，我就辞职！”

在我从一个工作最努力的销售员的威胁中恢复过来后，我问他“领域救济”是什么意思。作为一名新上任的地区经理，我对自己所在地区的领域划分情况考虑得并不多，因为这些地区已经存在很多年了。而且，和大多数销售经理一样，我认为这些都是理所当然的。

这位销售代表沮丧地解释说，尽管他总是能完成自己的目标，但他觉得自己目前所负责的区域比其他区域的潜力要小得多。为了证明他的观点，他给我看了几张支持他说法的图表，证明他在销售领域上受到了欺骗。最后，他承诺，如果我把我区域内的其他 10 个地区中的任何一个分配给他，他就会增加销售额，赚更多钱。正如他所说：“这是双赢！”

当然，我不想让他辞职，所以在向销售副总裁介绍了他的情况后，我得到了重新划分他的区域的许可。后来他不仅在我们公司工作了很多年，还成了我所在地区的销售冠军，而且这段经历给我上了作为销售经理的重要一课。许多销售区域的划分都不合适。

审查区域分配情况

罗恩•沃尔佩集团的销售研究显示，大约40%的销售人员被分配的区域太大，要处理的客户太多。调查还发现，一些销售人员的销售区域太小，销售潜力也很差。商业管理专家阿德里•索特纳和罗瑞•莫萨莉在《个人销售与销售管理杂志》（*Journal of Personal Selling and Sales Management*）上发表了另一项研究，研究了来自四个行业不同公司的4800个销售区域，56%的销售区域要么太大要么太小。在他们的研究中，阿德里和罗瑞声称，销售区域的不协调使公司的销售收入损失了2%~7%，许多公司每年因为不平衡的区域划分而损失数百万美元。他们得出的结论是，减少大的区域规模所造成的销售损失，要比增加小的区域规模所增加的销售所弥补的多。

罗恩•沃尔佩集团的销售研究支持这一结论。此外，我们的分析表明，除了产品质量和销售人员的技能之外，决定销售人员成功的第二个最关键的因素是该地区的潜力。然而，即使是经验丰富的销售经理也低估了它的重要性，常常无法平衡地域。

调整销售区域

当销售经理雇佣一个新的销售团队时，他别无选择，只能开拓市场，或者至少制订一个如何分配客户的政策。然而，在绝大多数已经做过区域分配的情况下，许多销售经理经常保持现状。

由于内部和外部因素，销售区域需要定期调整。在公司内部，你的公司可能已经改变了销售战略或策略，抑或是卖掉或收购了新产品。从外部来看，你最大的一个或多个客户可能已经迁移到了另一个地方，再由原来的销售人员负责联系他们已变得不太可能。同样，如果一个销售人员的所有客户都集中在一个给定的行业，并且该行业发生了一些剧烈变化，比如放松管制，那么可能需要调整对接这些客户的销售人员的数量。

以下是一些迹象，暗示你该适当地调整你的销售区域：

» 公司没有达到它的年度收入或利润目标；

» 超过 30% 的销售人员没有完成销售指标；

» 同一区域的不同销售人员连续两年或两年以上未能完成该区域的销售配额；

» 超过 60% 的收入来自现有客户；

» 销售人员不会试图联系他们 10% 的客户，也不会约见他们 25% 的客户；

» 很多公司退回你的产品，或者很多订购你产品的公司并不符合你的信用要求（这可能意味着销售人员将产品推销给不符合资质的客户，因为该地区没有足够的客户符合你们公司产品的资格）；

» 在一个区域内增加或丢失几个大客户或多个小客户；

» 增加或减少了几个销售人员；

» 推出了新产品。

未能及时调整区域分配的原因

如果有明显迹象表明有必要重新划分区域，那么为什么有些销售经理不愿意这么做呢？部分原因是，对整个公司最有利的做法可能并不符合单个销售人员的最大利益。因此，重新划分销售区域可能会在销售经理和销售人员之间产生冲突。对于销售经理来说，重新划分销售区域可能很费时，尤其是在他们以前没有这样做过，担心员工认为他们通过区域调整偏袒某人的情况下。

然而，在大多数情况下，抵制改变的是销售人员，而不是经理，因为他们担心，如果不得不放弃现有客户，他们赚的钱会变少，而且不得不更努力地工作。例如，我仍然记得，我作为一名销售人员时，当我的经理告诉我，我会损失几个最好的客户，这样他就可以开拓一个新的领域。

为公司和销售人员重新划分区域的好处

对公司和销售人员来说，重新划分区域有许多潜在的好处。其中包括：

» 增加了收入，因为更多的销售人员覆盖了更多具有更强销售潜力的客户；

» 提高了竞争优势，因为销售人员能够更快地了解新的机会；

» 提高销售人员的士气基于这样一种观念，即客户分配是公平的，更多销售人员完成销售任务的可能性提高；

» 提高了销售人员的保留率，因为更多的销售人员实现了他们的目标；

» 提升客户服务和客户推荐；

» 更好的客户覆盖和降低差旅成本；

» 增加了销售拜访的数量；

» 增强优质客户拜访量，减少劣质潜在客户拜访量；

» 更好的客户渗透和交叉销售。

分配区域的方法

作为销售经理，你有几种划分销售区域的方法。以下是几个最受欢迎的模式：

地理

销售经理按邮政编码分配客户。这是划分区域最简单的方法，尤其是在城市地区或工业集中的地区。根据地区的大小、潜在客户的数量以及产品或服务的性质，多个销售人员可能涉及相同邮政编码的业务。

行业

销售经理根据 SIC 代码 [即用于分类业务类型（如银行、保险、高科技或制药）的行业代码] 分配客户。例如，像惠普和通用电气这样的大公司需要指派有相关行业经验的销售人员来进行拜访，因为他们知道他们的专业术语，理解他们的问题和机会，这样在推荐他们公司的产品时更加可信。

关键客户

销售经理给销售人员分配几个有很大潜力的客户。例如，一些销售人员可能只给分配一个客户，如埃克森美孚、沃尔玛或联邦政府，因为他们的潜力是如此之大。

此外，由于大客户给出的报酬通常较大，公司可能更愿意花更多的预算让销售人员到他们那里出差。

中小客户

与大客户相比，中小客户往往面临着不同的挑战和机遇，他们需要以不同的方式对待，这就是为什么有些公司会有一个单独的销售团队来对接他们。在这种情况下，当销售人员和他们的公司向中小客户提供与大客户一样的尊重和客户服务时，中小客户会觉得自己很特别。

指定客户

有些销售经理不是给销售人员分配一块区域，而是为他们的销售人员提供一份特定的清单，上面列有在某一年要拜访的常见客户和潜在的新客户。

未分配客户

销售人员可以拜访同一个地理区域内的任何客户。在这个模式中，第一个见到该客户的人（并将其记录在调用报告中或将该客户添加到客户资源预测中）将获得该客户。例如，在零售环境中，像是汽车经销商或销售分时股票的公司，销售人员会轮流向走进来的新客户销售产品。在这些环境中，客户有时会听到销售人员问："下一个是谁？"这意味着下一个客户可能被任何一个销售人员接待。

关于销售任务的附加选项

作为销售主管或销售经理，你还需要决定是否：

» 将你的销售人员划分为潜在新客户的销售主管和管理现有客户关系的客户经理；

» 建立一个内部销售团队，通过电话或互联网向较小的客户销售，而不是面对面的销售拜访；

» 对销售人员进行配对，包括内部电话代表和外部代表。

你的销售人员是全才还是专家？

我们需要建立一个销售人员销售所有产品的全能型销售组织，还是建立一个销售人员销售一种产品或产品线、另一组销售另一种产品线的专业销售组织，这个问题已经争论了几十年。答案取决于具体情况。

全才型销售组织的优势是：

» 降低了差旅成本；

» 为销售组织节省了时间；

» 为客户节省了时间。

专业销售组织的优势是：

» 更好地了解产品及其在客户中的应用；

» 客户认为销售人员更像是能提供更多附加值的顾问；

» 通过让来自同一家公司的两名销售人员了解并满足客户的需求，提高了客户的渗透率。

决定采用通用销售方式还是专家销售方式的一个关键决定因素是，给定公司的客户是否同时购买这两种产品。如果是这样，那么很可能客户不愿意花时间分别会见来自同一家公司的两名不同的销售代表。另一方面，如果在该公司中有两个或多个不同的买家购买两个或多个产品线，那么这就不是问题。在目前严峻的经济形势下，为了降低差旅成本，从而降低总销售成本，越来越多的公司选择了通用型的销售方式。

重新划分区域的方法

尽管一些销售人员难免会对失去客户感到不舒服，但你可以通过以下方法来减少重新划分区域的争议：

» 给销售人员几个月的时间，让他们知道你要重新调整业务范围；

» 让销售人员参与到实际的业务重组中来；

» 对于那些失去客户的销售人员来说，在他们失去客户后大约三个月的时间里，他们拜访并预约的任何客户，都要给予收入抵免；

» 让将要放弃该客户的销售人员向该客户介绍新的销售人员（并在他的业绩评估中记录他是如何这样做的）。

基于销售人员实际情况划分区域

另一种选择是围绕销售人员的优势划分销售区域，而不是先创建区域，再分配销售人员。以下是在这方面需要考虑的一些因素：

» 销售人员与他的区域的关系是什么？你允许销售人员在差旅中花费多少时间和成本？

» 销售人员对他要访问的客户类型有什么偏好？

» 销售人员在特定行业的经验和知识是什么？对哪个行业和客户来说他是最可信的？

» 销售人员与某些客户有先前的联系吗？

» 销售人员与哪个级别和部门进行互动，对哪些客户来说最可信？

在一个新的领域里，一张新面孔可以极大地增加销量

在某些情况下，重新分配几个客户可能比重新分配整个区域更有益。例如，如果一个销售人员整整一年都无法与一个客户取得预约，可以考虑让他与另一个销售人员交换一个不同的客户，特别是如果差旅成本相似的话。有时这样做是为了鼓励所有的销售人员与他们所有的客户进行联系，但在很多情况下，这样做是因为一些销售人员比其他人更擅长与某些类型的客户进行交流。有时候，因为销售人员和客户发生冲突，你可能需要重新分配客户。即使不是销售人员的错，但通常最好给客户换一张新面孔。一个更激进的选择是让销售人员交换整个区域。有时候，对销售人员进行调整会增加他们的收入。在大多数情况下，精明的销售经理使用多种方法重新分配区域，这样每个人都有更好的机会增加他们的销售和收入。

策略 17

保护黄金销售时间，避免时间陷阱

在对 12 个不同行业 850 名销售人员的随机抽样调查中，我们发现，业绩一般的销售人员将大约 35% 的可用时间用于销售，而业绩最好的销售人员将至少 50% 的可用时间用于销售。

——罗恩•沃尔佩集团销售研究报告

“大家，请停下你们正在进行的事情。我需要你现在就开始做这件事。这是头等大事！”

这是我职业生涯早期时我们的销售团队最常听见的一位销售经理的话，这位经理让我很沮丧。在我们销售效率最高的时候，他经常不合时宜地打断我们，结果是：更多的错误和不完整的订单；团队士气下降（每当他走进销售办公室时，大家都在默默抱怨）；（最重要的是）销售下降。

考虑到销售人员拜访客户的时间有限，销售经理需要确保他们不会做任何事情来占用他们最宝贵的资源，也就是他们的“黄金销售时间”（Golden Selling Hours）。否则，频繁的干扰、不合时宜的会议，或是计划不周的任务分配，将使销售在低迷的市场中变得更加困难，不情愿购买的客户也更不可能购买。

黄金销售时间比你想象的要少

和你的团队一起计算每个销售人员在一年内实际有多少时间来销售，这是一个很有用的练习。

一年	365 天
周末	102 天
假期	10 天
节假日	15 天
病假或事假	5 天
会议或约会	13 天
培训	5 天
无法用于销售的时间	150 天
可用销售时间	215 天

少安毋躁。这还不是故事的最终结果，因为还有更多的销售时间溜走了。一小部分客户将在早上 7 点或晚上 7 点与销售人员见面，但大多数客户只会把预约时间安排在上午 9 点到下午 3 点之间。虽然有些人喜欢和销售人员共进午餐，但大多数人都把午餐时间留给自己。因此，即使销售人员可以在这 6 个小时内的任何时间与客户（对在低迷的市场中花费时间和金钱持谨慎态度的客户）见面，这段时间也还是会受到销售人员无法控制的其他因素的干扰。这些因素包括：

每天的出差时间约	60 分钟
等候客户的时间为	30 分钟
销售人员的午餐时间，包括往返午餐的时间为	60 分钟
总计浪费时间	150 分钟

这意味着，通常在一天中，从上午 9 点到下午 3 点，可以用来拜访客户的时间大约为 6 个小时，需要减去两个半小时。而失去的时间还不包括不可避免的紧急情况和其他义务，如医生的预约、与孩子的老师见面以及交通延误等，这些情况都会在黄金销售时段，进一步减少可用时间。因此，由于他们自己安排的家庭事务、客户的日程安排和其他不可避免的“时间浪费”，销售人员通常在 215 天的销售时间里每天只有三个半小时可以用来拜访客户。

销售经理帮助销售代表最大化黄金销售时间的 12 件事

1. 只在有重要问题要讨论的时候召开销售会议，并且安排在对销售人员黄金销售时间干扰最小的时段；

2. 指导你的销售代表利用他们黄金销售时间以外的时间来完成销售报告、检查订单、处理客户问题、回答问题、指导新人以及跟进或提出内部要求等；

3. 在销售黄金时段之前或之后，共同审查各个销售代表的建议、陈述、销售报告和预测；

4. 定期回顾销售代表的行程，帮助他们减少浪费的差旅时间；

5. 让你的销售代表确认与客户的预约；

6. 减少与销售代表的长时间的午餐或早餐会议，即使这种会议可以很好地建立融洽的关系；

7. 与你的销售代表一起制订销售周期的下一步策略，这样他们就能更好地制订销售拜访目标并压缩销售周期；

8. 坚持分配给团队会议和销售代表个人会议一定的时间；

9. 每周和团队里的每个销售人员在规定的时间和日期安排简短的会议，评估他们的时间管理效率，并提出解决浪费时间的方法；

10. 为你的销售代表提供预先批准的样板销售报告、提案和其他常用文件，这样他们就可以集中精力进行销售；

11. 写一封清晰简洁的电子邮件，要求回执，以便与你的团队沟通详细的流程、进度变更、技术或产品信息；

12. 让你的销售团队使用接触管理软件和其他与销售相关的程序，并为他们提供适当的培训。

销售经理可以避免的时间陷阱

和所有的销售经理一样，作为销售副总裁，我也面临过很多浪费时间的情况。然而，我能够通过使用我所谓的行为类别来减少浪费的时间。以下是一些常见的时间陷阱和处理方法：

时间陷阱："我找不到。再给我一份。"

没有什么比老板、推销员、客户或销售经理对我说："我找不到你昨天给我的报告（备忘录、产品信息等等）了。我能再拿一份吗？或者你能重新寄给我吗？"更令人沮丧和浪费时间了。

组织：记录下你给了谁什么，什么时候给的。此外，备份文件要有额外的电子和拷贝文件，所以如果有人需要额外的拷贝，你可以很容易地找到它。

时间陷阱："我自己来做。"

授权：微观管理者可能认为他们自己可以做得更好。就算这是真的，但事实上，即使是最高效的销售经理，每天也没有足够的时间来完成所有的工作。解决方案是将一组清晰的指导方针和期望委派给销售助理、客户服务代表和其他能够完成任务并使你满意的人员。此外，对于包含较长时间的项目，应定期与销售代表联系，回答他们的问题，并确保他们的工作没有偏离正轨。

时间陷阱：“这是我第三次解释这个问题了！”

信息：如果你发现自己在重复对你的销售代表的指示，那么试试这个替代方法。在向代表们解释之前，要获得必要的信息和清晰的指示来完成给定的任务。例如，如果你的公司正在发布一个新产品，或者正在经历一个程序上的变更，那么在主持会议讨论新产品或协议前一两天，用电子邮件将细节记录在备忘录中。

时间陷阱：“我在连轴转。”

动机：罗恩•沃尔佩集团在2010年对销售研究的调查显示，许多销售经理长时间不休息地工作，并不一定能提高公司的销售业绩。事实上，在很多情况下，他们的工作效率更低，犯更多的错误，有更多的员工问题，病假和人员流失也增加了。如果你正在处理一个长期的项目或提案，且感到精疲力竭，那么当你完成任务或者完成了其中困难的部分后，给自己一些奖励，跟朋友分享一下或出去喝杯咖啡犒劳一下自己。

时间陷阱：“我的待办事项列表有一英里长。”

组合：工作太多而时间太少是许多销售经理的通病。因此，你可以组合相关的活动，并消除不相关或冗余的活动。例如，在你和你的销售代表等着见客户的时候回复一些电子邮件。

让销售代表在最有可能成功的时候进行销售

你的目标是更有效地利用你自己的时间，并指导你的销售代表更有效地利用他们的时间。在分配给销售团队必要的任务和让他们找出与客户见面或保持联系的最佳时间之间找到平衡。随着市场经济健康状况发生变化，消费者的购买模式也可能发生变化。对于那些客户因所在行业经济表现低迷而不愿购买的销售代表来说，黄金销售时间最大化比以往任何时候都更重要。让他们在最有可能接触到客户并达成交易的时候进行销售，这样你就会有快乐的销售代表、快乐的客户和快乐的老板。

策略 18

推动团队学习，最大化智力资本

在市场低迷时生存下来并蓬勃发展的公司是那些鼓励销售团队收集、分析和使用智力资本来决定他们需要如何适应变化的公司。

——罗恩•沃尔佩集团销售研究报告

大西洋－太平洋茶叶公司（A&P）成立于 1859 年，到 1930 年已经有 16000 家分店，销售额超过 10 亿美元，成为国内第三大茶叶公司。在接下来的 80 年里，它的产品被很多人需要。然而，在 2010 年，它申请破产保护。发生了什么事？

尽管有许多因素导致了它的倒闭，但一个主要原因是它未能了解并按照早在其破产之前就显露出的几个趋势采取行动。20 世纪 40 年代，大多数 A&P 商店都位于城市，但二战后，许多人购买汽车并搬到了郊区。他们开车去买食物，但是因为郊区的 A&P 商店很少，消费者开始在其他新开的超市购物，比如库伦超市。与此同时，许多消费者购买了冰箱、冰柜和其他厨房电器，使他们能够购买、准备和储存更多更大的食品，因此他们不需要经常购物。然而，与超市相比，A&P 的店铺规模较小，陈列的商品种类少，商品体积也较小。因此，他们的市场份额下降了。此外，电视取代了广播，成为吸引数以百万计的消费者尝试新食品品牌的一种方式。这些品牌开始流行起来，但 A&P 并没有依靠电视进行宣传，而是坚持使用原有的品牌影响力。不足为奇的是，许多消费者更喜欢广告宣传更广泛的品牌，结果可想而知。尽管还有其他因素在起作用，许多专家认为 A&P 的破产可以归因于它未能了解和适应消费者购买习惯和新兴趋势的变化。

A&P 并不是唯一一个未能了解和适应不断变化的消费者习惯和品位的公司。1959 年入选《财富》500 强的公司中，只有 14% 在 50 年后的 2009 年依然榜上有名。他们中的许多家公司都破产了；另一些公司的营业收入大幅缩水，以至于被退市，代之以规模更大的公司。这个故事的寓意是什么？要了解并适应客户不断变化的品位和购买习惯，否则就会停业倒闭。

精明的销售经理和公司促进知识资本的聚集

精明的公司，如苹果、谷歌、亚马逊和 IBM，取得了惊人的成功，因为他们热爱学习和适应变化。苹果的产品不仅使苹果的客户能够捕捉和存储信息，而且公司本身也会收集和分析数据，以了解其客户和细分市场，并创造出能够在市场起起落落时满足客户不断变化的需求的产品。苹果从他们的销售代表那里了解到，在客户因为市场变化而改变意愿、不愿购买的时候，他们可以通过为产品提供高质量的技术支持，创造出一个巨大的忠实客户市场。我就是客户之一。

不久前，我把汤洒在了平板电脑上，于是我火急火燎地打电话给为我办理购物手续的销售人员，他让我到店里去，他们技术部门的一位“苹果天才”会马上处理这件事。当我和店里的接待员开玩笑说：“我需要和你们智商最高的天才谈谈。”我是一个快乐而轻松的顾客，是苹果公司的增值服务增强了我购买他们产品的决心。

当销售下降时，利用你的销售团队来增加你的智力资本

即使是经验丰富的销售人员，在销售下降时也会失去动力。为了缓解这个问题，让你的销售团队收集以下信息：

» 他们各自的地区和当地市场的变化；

» 现有客户的需求和愿望的改变；

» 新客户购买行为的改变；

» 新兴产业趋势；

» 与新技术相关的抱怨和挑战；

» 对竞争对手的新产品和服务的抱怨和赞扬。

客户越来越谨慎，并且有更多的产品和服务选择，越来越多的销售人员和公司之间的区别是他们的知识资本，他们如何有效地收集和分析他们的战术和策略信息，从他们的成功和失败中学习，并适应市场、客户和竞争对手的变化，不断改进产品、流程和人员。最有盈利能力的公司现在是那些不满足于“如果它没有坏，就不要修理它”的战略，而是不断地寻找新的方法来改进他们所做的——更好地服务他们的客户。通过鼓励销售人员尽可能多地学习，这些公司为客户提供了更多的附加值。

创建一个收集智力资本的学习中心

许多了解知识作为销售人员和其他人战略资产的价值的大公司往往有着自己的学习中心。例如，通用电气在纽约州北部就有一家自己的学习

中心；位于弗吉尼亚州利斯堡的施乐公司，以及丹佛附近的Qwest通信公司也有。这些公司和其他一些知名的公司在他们的学习中心都有先进的学习设备、舒适的宿舍和自助餐厅。但你不需要成为《财富》500强公司的销售经理才能来促进学习；即使是小公司也可以在公司办公室和其他地方留出培训和教育的空间。

销售人员收集智力资本的资源和策略

优秀的销售人员和他们的公司使用以下资源和策略，其中包括收集智力资本和洞察经济、市场和客户偏好：

» 地区和客户审查；

» 电话报告和电话摘要；

» 每月预测及报告；

» 计划撤退；

» 每月业务回顾；

» 每周的销售例会和每月的销售会议；

» 年度或半年度全公司会议；

» 为销售人员和其他人员举办的内部研讨会；

» 客户对其销售人员的评价；

» 分析业务竞争中的胜利和失败以及从中吸取的教训；

» 组织销售培训，并向销售主管汇报工作；

» 与其他附属公司或子公司定期召开会议。了解这些附属公司或子公司中有关销售上的新趋势、风险、机遇等的信息，并了解同一公司内的不同业务小组如何能够合作销售更多的产品和服务。

智力资本的全貌：影响市场和销售的因素

客户需要的产品和服务，购买这些产品和服务的方式，以及公司现在需要采取的销售方式均已改变。随着互联网和社交媒体（包括领英、脸书、推特等）的出现，技术的扩张已经给企业与客户沟通和营销产品的方式带来了深远的变化。销售团队和他们的公司在考虑他们的产品和服务供应、市场方法、组织结构、战略目标，以及预算时，可能需要考虑一些新的趋势，比如：

消费者人口统计

- 出生率的下降，特别是在美国和其他工业化国家的中上层阶级家庭中；
- “婴儿潮一代”（指美国 1946 年初至 1964 年底出生的人）达到退休年龄；
- 人口寿命和老龄化的增加；
- 人口多样性增加，少数民族的比例增加，尤其是在美国生活和工作的拉丁美洲人；
- 在大学和许多专业，如法律和医学专业，女性的比例增加。

消费经济学

- 全球经济衰退和经济复苏不平衡；
- 石油和黄金等其他大宗商品价格大幅上涨；
- 美国大部分住宅和商业地产市场都出现了大幅下滑；
- 美国制造业的衰退；
- 中国的经济优势及其债权国和世界第二大经济体的地位；
- 增加与巴西和印度新兴市场的贸易；

- 欧洲经济共同体某些国家的巨额债务，如希腊、葡萄牙和爱尔兰；
- 对美国债务的担忧与日俱增。

消费者的经济状况

- 医疗保险和医疗保健费用大幅增加；
- 美国消费者信用卡债务增加；
- 州政府财政状况较差；
- 大学学费大幅上涨；
- 越来越多的人租房而不是买房；
- 更多的大公司，特别是消费品公司，从海外市场获得的收入占其收入的比例越来越高。

就业

- 美国和其他地方的失业率和就业不足率大幅上升；
- 增加自由职业者和合同工的数量；
- 远程办公人数的增加；
- 自主创业和小企业数量增加；
- 工会成员的减少和工会权力的削弱；
- 企业与员工对彼此的忠诚度降低；
- 大学毕业生更难找到工作。

消费者的购买习惯

- 网上销售和消费者比较购物的现状；
- 能获取更多商品信息的消费者；
- 客户对公司和销售人员的忠诚度降低；
- 消费者对品牌的忠诚度降低，对普通产品的购买量增加；

- 消费者在销售互动中有更多的选择和更多的影响力；
- 使用旅行社、房地产中介和金融顾问等中介购买产品的消费者数量减少；
- 由于语音响应系统和语音邮件，以及垃圾邮件过滤器等原因，销售人员更难以通过电话与目标联系人取得联系。

在低迷的市场中推广学习型销售组织

为了维护和建立一个学习型销售组织，作为经理或高管，你需要鼓励销售人员通过正式的报告、头脑风暴会议和演讲，以及早餐、午餐或饮用咖啡时的非正式谈话，为公司的智力资本做出贡献。一旦销售人员提出了他们的想法，你和其他团队成员必须向他们提供反馈；否则他们会觉得自己在浪费时间。用“试点测试”跟进可靠的想法，然后评估结果。这样，你的公司就能在实施新想法和方法之前对其进行评估，而开发这些想法的销售人员将获得他们应得的荣誉。

促进销售团队学习的 18 种方法

1. 创建“特别小组”，专门负责产生改进产品、销售和服务的想法；

2. 为新员工建立“销售新兵训练营 101”，为有经验的团队成员建立高级销售训练营；

3. 创建一个“好友销售系统”，这样好友之间就可以互相帮助，保持联系，共同讨论解决问题的方法；

4. 使用脸书和领英等社交媒体与不同的客户群体建立关系，并实验新的销售理念；

5. 让销售人员参加外部研讨会，并让他们向团队其他成员报告他们所学到的知识；

6. 对参加 MBA 课程的销售人员、销售经理和其他人员给予报销；

7. 赞助销售经理和其他人参加大学的高管教育项目；

8. 订阅商业和行业报纸、杂志、期刊等（如《华尔街日报》《金融时报》《经济学人》《财富》《福布斯》等）；

9. 让你的销售团队讨论客户对调查的意见；

10. 进行员工态度调查；

11. 将你的销售团队与其他团队进行比较，看看他们的效率有多高，思考如何能让他们提高自己的业绩；

12. 让销售团队成员分析他们的活动和结果，而不是简单地完成并向管理层发送销售报告；

13. 参加并出席行业会议，并向销售团队汇报；

14. 参与各种行业、商业、专业人士、校友和社区团体；

15. 加入智囊团；

16. 参加商务书籍讨论小组；

17. 成为另一位经理的导师或辅导者；

18. 向你的销售团队汇报你的客户和竞争对手。

在低迷的市场中，智力资本是提高销售额的关键

阿尔伯特·爱因斯坦将精神错乱定义为“一遍又一遍地做同一件事，却期望得到不同的结果”。精明的销售经理知道，如果他们想在低迷的

市场中增加销量，他们的销售团队需要收集并评估数据和经验传递给他们的东西。学习型领导者鼓励销售人员收集并评估数据，并根据他们的经验告诉他们什么。

但这还不够。他们需要根据他们所学的东西来做不同的事情。因此，这些销售人员比他们的竞争对手表现得更好，工作效率更高，并为升职做好了更好的准备。这些团队成员将成为你最优秀的销售人员，因为即使市场下跌，他们也要迎接新的挑战。

策略 19

设计薪酬方案，激发员工积极性

几乎在每一个案例中，从前公司离职的销售人员都加入了其他薪酬更高的公司。

——罗恩·沃尔佩集团销售研究报告

这是钱的问题！

几年前，我的公司被一家声誉良好的酒店行业协会聘用，进行了一项研究，目的是研究为什么表现出色的销售人员（公司希望留住的人）会离开他们的公司。该协会的假设是，业绩优异的销售人员离职不是因为薪酬，而是因为其他因素，比如缺乏职业发展或对管理层不满。在我们名为“扭转营业额”的研究中，我们发现了相反的结果。

尽管影响“非强制离职”的因素有很多，但迄今为止，影响“非强制离职”的首要原因是员工对薪酬的不满。几乎在所有情况下，离开的销售人员都加入了薪酬更高的公司。在接下来的几年里，我们对其他行业的人才流失率进行了分析，得出了同样的结论。因此，经理们需要考虑调整薪酬计划。

你的公司需要重新设计薪酬计划的15个迹象

有几个指标表明，你的薪酬计划没有很好地为你的公司或销售团队服务，应该重新设计：

1. 你的公司没有达到收入或利润目标；

2. 公司去年的收入或利润没有增加；

3. 超过30%的销售人员未能达到他们的收入目标；

4. 你的销售成本超过净销售收入的20%；

5. 在销售渠道和新业务方面没有足够的前景；

6. 你们的销售团队没有达到计划的年度累计目标；

7. 当市场不稳定时，你们公司销售人员的变动率超过20%；

8. 你最好的销售人员已经离开了公司；

9. 薪酬调查显示，你的公司支付的薪酬明显低于或高于你的竞争对手；

10. 你的销售人员不能很好地理解并诠释你的薪酬计划；

11. 你的销售人员全年都对这个计划表示不满；

12. 你的销售人员没有找到正确的目标市场；

13. 几个高级销售人员拒绝了你提出的销售职位；

14. 销售人员认为给予他们的薪酬奖励和他们在同一时段内的销售业绩不协调；

15. 你们公司对不同的销售人员有不同的薪酬计划。

制订一个与你的营销目标相一致的薪酬计划

成功的销售经理都知道，最好的薪酬计划是将销售人员的活动和奖励与公司的年度和长期目标及战略相结合。这意味着，如果公司的主要目标是从竞争对手那里夺取市场份额，那么销售人员就应该因为从竞争对手那里吸引新客户而获得最丰厚的报酬。另一方面，如果公司优先考虑的是盈利能力，那么销售人员的销售利润率应该是最高的。如果一项新产品的销售代表着公司的重大胜利，那么销售人员应该获得销售该产品的额外报酬。

三种不同销售薪酬方案的优缺点

销售报酬计划有几十种不同的形式，但通常分为三种：固定薪酬、只拿佣金和组合方案。让我们来看看每种销售薪酬计划的优缺点。

方案一：固定薪酬

不管销量和销售额多少，销售人员获得固定的资金报酬。只要雇用了该销售人员，该销售人员的收入就没有风险。

优点	缺点
当市场不景气时支持销售人员	难以招募和保留销售明星
公司能准确预测年度成本	销售人员可能不会进行足够多的销售拜访，或者不那么努力工作
鼓励销售人员在售后服务方面多下功夫	效率最低的销售人员也能获得奖励和保障
管理简单	可能会带来较少的利益收入
避免收入纠纷	
支持销售人员做报告和其他非销售活动	

续表

优点	缺点
促进团队合作	
为销售人员提供可预测的收入	

方案二：单纯佣金

销售人员的报酬完全基于销售额（或公司的销售利润率）。

优点	缺点
使生产和销售活动的收入最大化	售后支持较少，销售人员的客户服务较差
薪酬与公司的大部分目标完全一致，并与业绩挂钩	销售人员可能对顾客过于苛求
吸引最积极的销售人员	当市场低迷时，销售人员流动率高、忠诚度低
可能会带来更高的收入（因为销售人员会更加努力地完成销售）	报告和非销售活动的配合较少

方案三：组合方案

销售人员的底薪是固定的，并有机会根据销售业绩获得可变的报酬（绩效或奖金）。

优点	缺点
比固定薪酬计划更容易吸引销售人员	比固定薪酬更难管理

优点	缺点
可能鼓励高水平的生产力	增加公司的固定工资的成本
在市场低迷时保护销售人员	可能会给销售人员带来混淆的信息
与固定薪酬计划相比，销售人员对完成目标和履行职责有更大的积极性	

大多数成功的公司都采用薪酬组合方案

虽然固定薪酬和单纯佣金方案也有一定的优点，但最受销售驱动、营收和市场份额增长最快的公司通常会采用组合方案（也称为混合方案）。因此，他们往往能最成功地吸引和留住最优秀的销售人员。然而，对于销售经理来说，更具有挑战性的问题是如何构建组合方案，使其在低迷的市场中对你的公司和销售人员最有效。

这个问题的部分答案取决于你的竞争对手的薪酬水平，以及他们如何制订自己的薪酬计划。因此，聘请一家公司为你所在的行业进行薪资调查是很有价值的。然而，请记住，在争取销售人才的过程中，有时你不仅要与所在行业的公司竞争，还要与其他行业的公司竞争。

关于薪酬的第二个因素是确定销售人员在你们公司的工作职责，以及他们在多大程度上直接控制着销售。例如，在某些情况下，销售人员的角色是作为客户经理，他主要负责管理现有的关系（作为一个“农民”），而不是引入新的业务（作为一个“猎人”）。在其他情况下，即使销售人员确实带来了新业务，但他的成功也可能是因为他的公司拥有最好的品牌，最好的产品，或者最好的广告和营销支持，而销售人员基本上是来接订单的。

关于报酬的第三个因素，尤其是奖励部分，集中在销售人员所带来的收入和盈利能力上。例如，销售喷气式发动机的销售人员的销售周期较长，他们的报酬应该比销售药品或清洁产品的销售人员高。

固定薪酬与可变薪酬的比例

根据经验，我建议你制订一个综合计划，让销售人员在达到可变薪酬目标（即绩效和奖金，而不是固定薪酬或基本工资）时，至少获得总薪酬的 40%。

设计薪酬方案时要考虑的 17 个因素

1. 分配所有销售人员的收入目标

如果你分配所有销售人员的收入目标（配额），你的薪酬计划与公司的计划最一致，那么也是最有效的。目标应该是每年的产量，但也包括每月的配额。如果你的公司是季节性的，根据前一年的业绩，为不同的月份分配不同的收入目标。让这些配额具有挑战性，但也要确保它们是现实的、可以实现的，否则你将面临“降低销售团队积极性”的风险。在制订销售指标时，要征求销售人员的意见，要让他们知道，你的最终决定是基于许多因素做出的，包括公司的预算和增长需求、所在区域内前一年的收入和利润、收入潜力以及销售人员的任期。

2. 取消薪酬上限

尽管有些公司可能难以做到这一点，但大多数公司会取消薪酬上限，这对自己是件好事。如果你设定了薪酬上限，你就在无意中告诉销售人员，当收入达到一定水平时，他们应该停止销售。

3. 冻结基本工资

因为你想让销售人员根据业绩而不是工作表现获得大部分报酬，我建议你冻结基本工资。

4. 调整销售人员的基本工资，使之与所在城市公布的生活成本相适应

因为在某些地区生活和工作比其他地区更贵，所以要公平竞争，通过调整销售人员的基本工资，使其与所在城市的生活成本相适应，为全国销售团队创造公平。

5. 让所有销售人员在相同的薪酬计划下工作

针对特定销售人员的特殊薪酬计划会造成困惑和不满。此外，联邦和州法律规定“同工同酬”，所以要确保所有销售人员都在同一个薪酬计划下工作。

6. 保障部分员工的奖励薪酬

在招聘销售人员，尤其是销售明星时，适当保证他们的部分奖励报酬，但保障不得超过 6 个月。

7. 将至少 90% 的奖励报酬建立在客观标准的基础上

薪酬计划中至少 90%（理想情况下是 100%）的奖励因素应该与客观、可衡量的结果挂钩。不超过 10% 的薪酬基于主观标准，如团队合作、及时完成报告等行政任务。否则，你会被指责有偏袒，从而削弱销售团队的士气。

8. 按季度发放奖金以激发员工完成季度指标

为了提高销售人员的积极性，鼓励他们把业务向前推进，除了每月的薪金外，还要给他们发放季度业绩奖金。

9. 销售人员每多赚一美元，所获得的报酬就会增加一点

例如，绩效报酬按年销售额的 1% 增长到 11% 来计算：

» 第一笔绩效按 20 万美元的 1% 来算；

» 下一笔为 20 万美元的 2%；

» 下一笔为 20 万美元的 3%；

» 下一笔为 20 万美元的 4%；

» 下一笔为 20 万美元的 5%；

» 下一笔为 40 万美元的 7%；

» 下一笔为 40 万美元的 9%；

» 之后的是所有收入的 11%。

如果你被限制在支付高额固定工资的范围内，你可以通过设立一个销售收入门槛来缓解这种情况，销售人员需要达到这个门槛才能有资格获得薪金。假设多年来，你付给销售员的基本年薪是 10 万美元，而所有竞争对手的基本年薪是 7.5 万美元。在大多数情况下，你不会突然将基本工资削减 2.5 万美元。不过，你可以设定一个门槛，根据销售人员必须带来的收入来赚取最初的 25 美元佣金。

10. 为新业务支付比旧业务更高的奖励

如果可行的话，给销售人员支付更高的奖励，鼓励他们从事新业务，而不是重复旧有业务（因为这通常需要更多的时间和更高的技能水平）。

11. 不要对这笔买卖的来源吹毛求疵

不要试图去猜测这笔交易是通过走后门完成的，还是销售人员自己独立完成的。只要是他挖来的客户，那就给他钱。

12. 及时支付薪酬

在销售人员带来业务后尽快为他们的成就支付报酬。也就是下个月付给他们上个月的薪酬。同样，在季度结束后的一个月里，为他们完成季度目标支付奖金。

13. 根据销售人员的业绩而不是行为付费

尽管你想训练销售人员尽可能多地进行（高质量的）销售拜访，但只有在他们成功销售时才给予报酬。同样，作为经理，你会想要鼓励团队合作，但你不应该为此付出代价。最公平的计划是根据每个销售人员的产出来支付报酬，而不是看他“与他人合作得如何”。你将通过强有力的领导和培训获得这些，而不是通过“贿赂”销售人员去做他们应该做的事情。

14. 保持薪酬计划简单

仅包含三到五个要素，这样销售人员才能保持专注。

15. 让销售人员阅读并签署薪酬计划

让每个销售人员阅读并签署薪酬计划，承诺他们已经阅读并将根据该计划被支付薪酬。这样做将减少争端。

16. 为计划开发一个管理文档，并与每个销售人员共享

管理文档描述了计划，定义了术语（如“新客户”和“回头客”），并讨论了关于以下方面的策略和过程：

» 资格（谁有资格以及何时有资格）；

» 薪酬计算公式；

» 争议将如何解决，最终由谁来做决定；

» 当一个销售人员离职时，薪酬会发生什么变化？

» 薪酬计划是否可以中止或变更，以及在何种情况下可以中止或变更？

» 销售人员是否会在业务预定、产品发货、服务执行或发票支付时获得报酬？

» 如果顾客没有为产品或服务付费，这将怎样影响销售人员的佣金？

销售人员何时有资格获得奖励，以及如果离职会发生什么，这些问题可能特别有争议。例如，一些州法院明确规定，如果一家公司将产品发货和商品预订视为公司收益的一部分，该公司不得向销售人员克扣薪酬。不管法院如何裁决这些问题，你清楚地描述了公司的政策，这似乎符合所有人的最大利益。

17. 保留公司更改或取消薪酬计划的决定权

虽然你希望永远不要这样做，但要在你的计划中加入一份声明，说明公司可以随时根据自己的判断更改或取消该计划。

设计成功的薪酬计划的 6 个步骤

既然你已经知道了在设计计划时应该记住什么，让我们来看看你可以用来制订成功计划的六个步骤。

第一步：建立一个薪酬工作组

薪酬工作组可能由销售副总裁、首席财务官、选定的销售经理、几名业绩最好的销售人员、人力资源总监和信息技术总监组成。你可以考虑聘请一位外部顾问来帮助你设计，或者提供一个更广阔的视角来了解其他公司的薪酬水平以及创建你的公司的最佳薪酬计划。

第二步：回顾当前的薪酬计划

由于你目前的薪酬计划的某些方面可能正在发挥作用，请确认你为什么要改变当前的计划，以及公司将如何衡量新计划的成效。与公司员工就公司的年度和长期目标达成一致，并检查当前的薪酬计划与这些目标是否相符。找出表明销售不足可能与当前薪酬计划有关的因素，而不是产品问题、营销问题或招聘问题。

第三步：设计新的薪酬计划

将新的薪酬计划与公司的战略目标和营销目标保持一致。在制订薪酬计划时，要特别注意将这 17 个要素考虑进去。根据当前计划对新的薪酬计划建模，以测试这两种计划下的薪酬水平。仔细查看更改计划的任何意外后果。一旦你有了一份新的薪酬计划草案，把它分发给受该计划影响的一部分同事，以确保没有模棱两可的标准，并衡量其在销售团队中的潜在接受程度。接受他们的建议，并做出必要的修改。

第四步：沟通计划

制作令人信服的材料，向销售团队推销薪酬计划，包括新薪酬计划的目的，以及它与替换的薪酬计划的比较。像推出新产品一样引入新的薪酬计划，这样才能获得销售团队的热情支持。

第五步：评估影响

一旦你的公司实施了新的薪酬计划，让薪酬计划设计团队分析新的薪酬计划带来的影响，并比较在这两种计划下员工的薪酬水平。将薪酬计划的实际成本与预算成本进行比较。将结果与前一阶段进行比较，并注意任何销售的增长或好处以及销售的减少或缺点。评估新的薪酬计划影响的一个方法是比较离职率，调查销售人员和销售经理对新计划和旧计划的反应。确定客户的赞扬或投诉在新的补偿计划下是增加还是减少了。

第六步：庆祝成功

正式和非正式地表扬优秀员工。在同事面前承认他们的贡献。在表彰晚宴或类似的活动上，给他们颁发支票和象征性的奖励，比如奖章、奖杯、别针或戒指。

最后的测试

最后，这里有四个简单的测试来衡量你的销售薪酬计划在低迷市场的成功与否：

1. 你只需要解释一次计划，销售团队的每个人都能理解；
2. 大多数销售人员认为这个计划是公平的；
3. 销售额较上一年增加；
4. 你出色的销售人员拒绝了其他公司的工作邀请。

说到薪酬计划，最重要的是绩效

一个精心设计的薪酬计划就像一辆高性能汽车：它是一辆动力十足的汽车，管理层可以用它来推动销售，达到财务目标。一个成功的薪酬计划吸引并留住了表现最好的销售人员——这是每一家成长中的公司的基本要素。所以，花点时间为你的销售团队制订出最好的薪酬计划，并设计出一个真正适合执行的计划。

策略 20

完善奖励计划，设法表扬所有团队成员

大多数销售人员的动力来自两件事：口袋里的工资和背后的鼓励。

——罗恩·沃尔佩集团销售研究报告

这是大约30年前的事了，但就像昨天才发生的一样。尽管市场不景气，作为对我和其他几位销售冠军的回报，公司邀请我们这些销售冠军与市场部高级副总裁和总裁一起在加勒比巴巴多斯岛的山姆洛德城堡共进晚餐。在晚宴上，高级副总裁站在我们和我们的家人面前，谈论我们每个人在艰难的经济形势下为提高销售额所做的努力，这些努力让我们获得了这次旅行资格。这次活动如此特别的原因是，丰盛的晚餐之后，我们几个销售冠军可以在岛上多停留几天，享受这个热带天堂。

我不仅记得那次奖励之旅，还记得那次让我脱颖而出、使我有资格参加这次旅行的销售业绩。即使现在，当想起那次销售竞赛时，我的脸上仍然带着微笑。虽然认可奖励计划不一定非要像去巴巴多斯旅游那样昂贵或复杂，但仍有许多公司没有采用任何形式来认可和奖励销售人员。结果，他们错失了一个提高销售人员士气、促进销售业绩的好机会。

利用竞争，激励员工，促进销售

认可奖励计划包括公司每年为激励和关注销售人员做的所有事情，包括销售薪酬计划、销售竞赛以及其他表扬和嘉许销售人员成就的形式。不管你的销售薪酬计划打算持续一年，还是很多年（因此构成了公司和销售人员之间更正式的协议），都要知道短期的且不很正式的销售竞赛效果最好。认可的形式可以出现在正式场合，比如年会和颁奖晚宴，也可以出现在非正式场合，比如每月的销售会议、公司简报，甚至是私人谈话中。

我们的销售薪酬计划旨在支持你们公司的长期营销愿景和目标，而销售竞赛可以用来在中期纠正销售行为。这样想：薪酬计划是将航天器送入轨道的主要火箭；销售竞赛是一种小型火箭，如果你的队伍偏离了他们的计划路线，可以用销售竞赛将他们拉回正轨。以下是一些从精心设计的销售竞赛中获益的常见情况：

» 销售团队过于依赖老客户，需要开发更多的新客户；

» 销售团队需要在不减少其他产品销售的情况下，提高特定产品的销售；

» 销售团队没有获得足够数量的能产生长期收益的多年合同。

销售驱动因素

大多数销售人员的动力来自两件事：口袋里的工资和背后的鼓励。当然，一个可靠的薪酬奖励计划是绝对必要的，但金钱只是让销售人员保持快乐和高效的一部分原因。如果你想让你所有的销售团队，不仅仅是最优秀的销售人员，多做一些努力，多做一次销售拜访，你就需要制订一个年度奖励计划来激励他们。在低迷的市场中，竞争会更加激烈，销售规模往往会变得更小，而且需要更长的时间才能达成销售，这时，非常重要的一件事情就是，尽你所能促使销售人员精神振奋、行动积极。

在与成千上万的销售人员一起工作的过程中，我了解到大多数优秀的销售人员基于内外和外在的奖励而努力工作。内在奖励是他们从与客户建立关系、帮助客户解决问题、抓住一个机遇以及达成一次销售中获得的满足感。也就是说，他们成功的动力来自于他们自己的职业自豪感。如果他们的成就同时得到了管理层的认可，他们的自信和自我价值感（心理学家亚伯拉罕·马斯洛称之为自我实现）就会增强。如果在他们的同龄人面前表彰他们的成就，他们会感觉更好。

认可和奖励的作用

认可和奖励并不需要多少资金投入，但却可以帮助公司：

» 提高销售团队的生产力和业绩；

» 吸引并留住优秀的销售人员；

» 提高销售人员的积极性，促使他们更加努力；

» 聚焦销售人员的核心活动与结果；

» 加强或完善激励薪酬计划；

» 营造充满乐趣的工作环境。

如果你的公司已经有了奖励计划，有下面的情况发生时，则需要对计划进行修订：

» 销售业绩、销售活动或团队士气零增长或增长很少；

» 销售人员不在意认可奖励计划；

» 认可奖励机制引起争议；

» 销售人员流动率高，特别是销售明星的流动；

» 认可奖励滞后太多；

» 付出与收益不成比例。

相反，有效的奖励计划的标志是：

» 易于实现和管理；

» 受到销售人员的喜欢和热情支持；

» 能够提升预期销售活动或预期结果。

完善和修订奖励计划的七个步骤

虽然激励薪酬计划的目标可以是提高总体年销售额，但对于销售竞赛来说，这个目标太宽泛了。然而，将销售竞赛设计为认可奖励计划的一部分，这一过程与你用来制订奖励计划的过程有一些相似之处。

1. 成立专门工作组

工作组通常由销售主管、销售经理、人力资源和 IT 主管，以及一些业绩优秀的销售人员组成。工作组应处理下列问题：

» 明确销售竞赛目的；

» 制订销售竞赛基本规则；

» 设置销售竞赛期限；

» 建立销售竞赛机制；

» 颁发销售竞赛奖品；

» 进行销售竞赛表彰。

2. 确定你想要做的活动或期望的结果

在正常的经济时期，我会在第一季度末组织销售竞赛。然而，作为一支有才华的销售团队的管理者，我知道遇到市场低迷的情况时需要尽快让团队脱离疲态。为此，我实施了一项“快速启动销售竞赛”（Fast Start Sales Contest）计划，为在 1 月份获得业务的销售人员提供额外的奖励。因此，我们度过了公司历史上最好的 1 月份，而且 2 月和 3 月的销售额没有下降。

3. 设计销售竞赛方案

最佳的销售竞赛应是简短且简单的，持续时间从几周到三个月不等。复杂或冗长的竞赛，过宽的奖励范围，会削弱竞赛影响力。选择一个你认为你的团队可以在不超过三个月的时间内完成的重要目标，并且只奖励一两个行为或结果。为了避免引起争议，竞赛目标需要是可量化的、客观的。例如，你可以奖励面对面销售拜访次数最多的，或某一产品销售额最高的，但你不应该奖励“最佳销售拜访”，因为这是一个见仁见智的问题。

还要考虑你是想让每个销售人员互相竞争，还是让一个销售团队与另一个销售团队竞争。如果奖励计划的奖励在很多情况下都是针对个人成就的，那么举办一场奖励团队的比赛会变得很有用。关于销售竞赛主题，许多公司都是围绕节日，比如万圣节；或是围绕体育主题，比如棒球或篮球，印第安纳波利斯 500（汽车运动大赛），或者肯塔基德比（赛马比赛）。加上一点想象力就可以让销售竞赛变得更有趣、更有效。

4. 预估竞赛经费

设计好计划之后，针对各种情况进行建模，预估将产生的财务影响，这样就不会猝不及防，也不会超出预算。记住，销售竞赛是用来扩充公司的销售薪酬计划的，而不是取代销售薪酬计划，所以不需要为销售竞赛分配很多经费。

5. 以适当形式推出销售竞赛

因为销售竞赛的重要程度并不能等同于公司的销售激励计划，所以可以以某种形式宣布一下，广而告之，确保每个人都知道。销售竞赛的实施目标是获得销售人员的关注和支持，让他们把竞赛视为一种获得鼓励或体面奖励的有趣方式。

6. 跟踪、管理和保障销售竞赛

许多公司会犯一个错误，仅仅实施销售竞赛，而没有采取任何保障措施。如果你作为经理忘记了这一点，你的销售人员也会忘记。在你推出销售竞赛之后，你需要每周或每月跟踪结果（取决于比赛的长度和你跟踪的内容），并将结果告知销售团队。最好的销售竞赛，经理通过特殊的实事通讯来传达阶段结果。

7. 庆祝销售竞赛获胜者的成功

认真地对待竞赛，重视竞赛结果，并以热烈表彰获胜者。渲染比赛，在公司内部通讯中发布公告，宣布竞赛获胜人，如果可能的话，创建一个竞赛通报专栏。你能想象如果比赛的获胜者收到 CEO 或其他高管的一封信或电话祝贺他们获胜，他们会有什么感觉吗？另一种选择是让 CEO 邀请获胜者共同用餐。对我来说，获得认可的一个方法是任命销售竞赛的获胜者加入我的销售顾问委员会。他们对在其中任职感到很荣幸，我也感到很幸运能有他们作为我的参谋。

实质性奖励：现金、商品、津贴以及休假

你会给员工提供额外的商务福利吗，比如停车位的选择，客服中心轮班的选择，或者假期的优先安排？如果你对有形的奖励感兴趣，你可以提供现金或现金等价物（如礼券）、商品、体育赛事或娱乐活动的门票、杂志订阅，甚至是旅行（如果比赛是为了大奖）。

对于销售低价商品的销售人员，你可以提供免费的电影票或小礼物。如果选择商品作为奖励，你可以确定某种商品，或者提供一个商品目录，让销售人员有机会从中选择。一些激励公司可以帮你管理整个商品计划。基于公司内部需求，并不难做。你可以提供一些跟业务相关的商品，比如iPad、公文包、皮夹，或者一些更私人的东西，比如iPod（苹果公司推出的随身播放器）或音响。几年前，我很激动地赢得了整套索尼立体声音响。有一次，在一个很少人拥有汽车电话的时代，我获得了一个当时被称为“汽车电话”的东西。你甚至可以提供一项特殊的服务，比如预约一辆豪华轿车，上门接那位成功的销售人员，并在指定的时间内开车送他去赴约。

一些销售人员喜欢的另一种奖励是带薪休假。这种奖励对销售人员的吸引力可能比一些全额薪金或组合薪酬计划的吸引力更大，因为许多销售人员不愿因休假错过增加销售收入的机会。你也可以在销售竞赛中加入一些机会元素。例如，达到一定收入目标的销售人员可以抽取奖励。从销售人员那里获得认可的一个好方法是让他们参与选择奖励（记住你要给他们预算指导）。

象征性奖励：赋予荣誉、地位和赞美

如果这个奖项是象征性的，你可以给获奖的销售人员颁发奖章、奖杯、证书或其他标志成功的象征。我曾经获得过一件金属雕塑，与罗丹（Rodin）的《思想者》（*The thought*）雕塑有些相似（假想罗丹蒙着眼睛雕刻了这个）。尽管它很丑，但我自豪地在书柜上展示了很多年。福特（Ford）通过在电视广告中突出明星员工来奖励他们，奥维斯特通讯公司将获胜者的照片放在我们开发的一个销售培训项目中，以表彰其客服中心的顶级销售人员。

公开和私下的非正式认可

除了销售竞赛之外，许多优秀的公司会把对获胜者的认可表彰告知给他们的合作伙伴及支持者。在我从事销售管理和咨询的漫长职业生涯中，我从未遇到过销售人员觉得自己受到过多表扬的情况。只要表扬是合理的，销售人员就会满意。作为一名经理，你的工作就是发现你的销售人员做得对，并为此感谢他们。找机会在同事面前表扬他们。

三个易于实施的销售竞赛

这里有三个有趣而有效的销售竞赛，你可以马上用它们来提高你的销售和团队士气。

1. 快速启动

销售竞赛的目的是鼓励销售人员，其中一些人可能还在年终庆祝活动的恢复中，要跑步进入正轨，尽可能多地开展销售拜访，在年初尽可能多地带来生意。

工作原理：首先发布肯塔基德比冠军、印第安纳波利斯500米赛冠军和奥运田径明星的照片，拉起写着“快速开始”的横幅。然后召开一个简短的会议，宣布在今年第一个月签订合同最多的销售人员将赢得“快速开始”比赛，将奖励其比正常翻一番的佣金。

我举办的这个竞赛，真的很成功！有几个销售人员在1月份表现得特别好，作为一个团队，我们在1月份和第一季度的表现都创了纪录。我们去了一个游戏厅庆祝，在那里我们玩驾驶赛车玩得很开心。

2. 牛排与黄豆

销售竞赛的目的是为了刺激新产品的销售或销售不好的产品。

工作原理：在新产品的介绍和培训中，在达成了销售目标后，在一定时期内销售该产品超过销售目标最多的销售人员将赢得去观看本土最专业的团队比赛的两张门票和差旅费。但是，在你宣布比赛之前一定要弄到票。

在举办这个比赛时，我选择了我们当地的职业足球队。我在办公室的墙上贴了两张11×17寸彩色影印本门票，以提醒我的销售人员有关比赛的情况。比赛结束后，我把每个人都叫到会议室，在那里我安排了当地一所学校的两名啦啦队长上台跳舞，并以热烈的掌声宣布获胜者。比赛（和啦啦队）很成功，我们的产品发布也很成功！

3. 招聘摇滚明星

销售竞赛的目的是让你的团队成员推荐优秀的销售人员，以填补几个新的销售领域。

工作原理：在全国销售会议上，在社交或吃饭的时候，请当地的摇滚乐队来演奏。宣布你的部门正在招聘更多的“摇滚明星”型销售人员，而那些成功将销售人员推荐给你的团队成员将赢得两张门票，可以参加他们选择的任何音乐会。

在举办这个比赛的时候，我的团队中有几个人作为获胜者参加了同一场音乐会，所以它变成了一个更大、更激励人心的比赛。

认可并奖励销售团队中的每一个人

成功的销售经理知道，公司的收入靠的是一个团队的努力。因此，要记住，不仅要适当地表扬和奖励那些表现出色的员工，还要奖励那些因为整体市场低迷或无法进入特定市场而陷入困境的销售人员。不管销售下滑的原因是什么，如果你想让那些销售人员保持信心，即使他们的销售额或提成可能下降，鼓励他们并设法表扬他们是很重要的。例如，如果他们正在想储备库增加优质的客户，即使他们的数量落后，但还是要鼓励他们。作为团队的领导者，如果你对你的认可奖励计划慷慨而真诚，你的销售团队将会感激他们获得的认可，并为他们将获得的奖励更加努力。

结　论

当经济形势下滑时，谨慎的消费者会改变他们的购买行为。现在你知道如何应对了，因为你已经学会了我所知道的20个最有效的策略，这些策略可以帮助销售人员在市场低迷时卖出更多的产品，也可以帮助销售经理建立高效的销售团队，从而带来更多的收入。

当你充满信心地销售你的产品和服务时，你可以解决每一个问题，克服每一个不愿意做出购买承诺的谨慎客户提出的反对意见，最终你将实现我写这本书的目的：帮助你在市场低迷时期提高销售额。

致　谢

感谢我的妻子，是她的爱与支持使这一切成为可能。

这本书的写作得到了许多人的帮助。才华横溢的经纪人，来自杰夫·赫尔曼律师事务所（Jeff Herman Associates）的杰夫·赫尔曼（Jeff Herman），感谢他为这本书找到一个伟大家园——职业出版社，也感谢他提出的睿智建议。

我要感谢我的好朋友和同事唐·加伯（Don Gabor），他给了我鼓励，给了我无数建议，帮助我改善了这本书的结构。

我要感谢《华尔街日报》并购版编辑亚当·施瓦茨（Adam Schwartz）和他在职业出版社（Career Press）的同事，感谢他们对我的信任，感谢他们提出的好建议。我特别要感谢职业出版社的克里斯汀·戴利（Kirsten Dalley）和乔迪·布兰登（Jodi Brandon）编辑以及他们的同事们，他们阅读了手稿并提出了宝贵建议。

最后，我要感谢罗恩·沃尔佩集团的客户们，感谢他们的鼓励，感谢他们让我在写这本书之前和期间与他们的高管和销售团队一起工作。